U0660704

# 管理研究

## 2016 年第 1 辑

邓大松　向运华　主编

中国金融出版社

责任编辑：肖丽敏
责任校对：张志文
责任印制：陈晓川

**图书在版编目（CIP）数据**

管理研究.2016年.第1辑/邓大松，向运华主编.—北京：中国金融
出版社，2018.12
ISBN 978 – 7 – 5049 – 9884 – 2

Ⅰ.①管…　Ⅱ.①邓…②向…　Ⅲ.①管理学—研究　Ⅳ.①C93

中国版本图书馆 CIP 数据核字（2018）第 279560 号

出版
发行　**中国金融出版社**

社址　北京市丰台区益泽路 2 号
市场开发部　（010）63266347，63805472，63439533（传真）
网 上 书 店　http://www.chinafph.com
　　　　　　　（010）63286832，63365686（传真）
读者服务部　（010）66070833，62568380
邮编　100071
经销　新华书店
印刷　北京市松源印刷有限公司
尺寸　169 毫米 ×239 毫米
印张　5.5
字数　80 千
版次　2018 年 12 月第 1 版
印次　2018 年 12 月第 1 次印刷
定价　30.00 元
ISBN 978 – 7 – 5049 – 9884 – 2
如出现印装错误本社负责调换　联系电话（010）63263947

# 目　录

○○○ contents

（2016 年第 1 辑）

# 地方公共支出的区域经济效应实证分析*

◎李世祥　成文静

中国地质大学（武汉）公共管理学院，湖北武汉，430074

**摘　要：** 在现代社会中，公共支出既是国家治理的基础和重要支柱，也是促进区域经济发展的一个主要政策工具。地方政府可通过调整公共支出规模和结构，以引导经济发展方向和优化经济结构。本文以江苏省三大经济区 13 地市 2007—2014 年的面板数据为样本，采用基于超越对数生产函数的随机前沿模型方法，实证分析地方公共支出规模和结构产生的区域经济效应。结果显示，城乡社区事务和农林水事务等公共投资性支出对区域经济具有显著的负向效应；同时，公共消费性支出类别中的科技、医疗、环保支出表现出正向的区域经济效应，而社保、文体支出却表现出负向效应。此外，样本期内公共支出规模没有明显的区域经济效应，且资本、能源等生产要素对区域经济发展具有明显的抑制效应。因此，要充分发挥公共支出对区域经济效率的正面效应，就要在转变经济增长模式的基础上，注重地方公共支出规模和支出结构的优化设计。一是要适时适度地将财政支出逐渐转向有利于区域经济效率提升的领域；二是要适当压缩公共投资性支出，加

*　本文系国土资源部法律评价工程重点实验室开放基金资助项目（CUGFP‑1502）成果。

大科技、医疗、环保等公共消费性支出，适当减少政府行政性支出。

**关键词：**地方公共支出　区域经济效应　随机前沿模型　中国江苏

# 一、引　言

公共支出即公共财政支出，是指政府为提供公共产品和服务，满足社会共同需要而进行的财政资金的支付。按支出的功能，可将公共支出分为公共投资性支出和公共消费性支出。公共投资性支出指在政府财政支出项目中具有投资性质的支出，如修建公共设施、经营公用事业、主持公共工程等方面的支出。而公共消费性支出指满足社会共同需要的非生产性的消耗支出，它的使用并不构成任何资产，主要包括政府行政性支出、科教文卫支出、环保支出和财政转移性支出。在现代社会中，公共支出既是国家治理的基础和重要支柱，也是促进区域经济发展的一个主要政策工具。地方政府可通过调整公共支出规模和结构，以引导经济发展方向和优化经济结构。

地方公共支出对区域经济影响的理论研究始于 Barro（1990）的开创性研究。他在 Arrow – Kurz 模型基础上引进公共支出，将公共支出分为生产性支出和消费性支出，通过构造计量模型，研究发现公共支出的相对规模有利于经济增长率的提高。[1]在此基础上，国内外学者从不同视角和方法对此主题展开研究，研究结论可大致概括为两种基本观点。一是正面效应观点。有学者基于中国 1990—2012 年省际数据，采用线性混合模型和两部门生产函数，研究地方财政支出对经济增长的作用时发现，所有省份的地方财政支出对经济增长具有正向外部效应，且所有省份的政府部门要素生产率高于非政府部门（陈高和王朝才，2014）。[2]这种正面影响首先体现为公共投资对私人投资的"挤入效应"。"挤入效应"是指公共投资的增加会引起私人投资的增加，这是因为公共投资（如基础设施建设）会提高其他投入要素的边际产出，从而为私人投资奠定良好的投资环境和基础（王延军，2014）。[3]其次是地方支出总量扩张的"生产效应"。"生产效应"是指随着公共财政支出绝对规模的增加，生产领域的公共投资也在增加，从而导致短期生产性资本和产出增加（Grisorio 和 Prota，2013）。[4] 目前，中国的基础设施、产业升级、环保和城镇化建设等领域仍存在较大的投资空间，若在发挥地方公共支出"总量效应"的基础上进一步放宽民间资本的投资限制，将更有利于经济的发展。地方政府通过对交通、能源和通信等大型公共基础设施项目的投资，不仅可以弥补市场失灵，而且可以扩大有效需求（Far-hadi，2015）。[5] 最后，公共支出结构优化还会带来"溢出效应"。"溢出效应"是指通过改善地方财政支出结构，对资源进行合理配置所获得的外部性内在化效应。改革开放 30 多年来，随着我国经济发展水平的不断提高，民众对社会保障、医疗卫生、科技教育和生态环境等公共消费品的需求日益增加。实践中，政府提供适度的正外部性公共消费品，能够有力地促进地区经济增长（潘文卿和范庆泉，2015）。[6] 科教文卫、社会保障等支出属于公共消费性支出，虽然它们在短时间内的经济增长效应不明显，但在长期内具有明显的外溢效应（曲如晓和刘杨，2014）。[7]

二是负面效应观点。首先，大规模的公共生产性投资对私人部门的投资具有"挤出效应"，且过度强调公共投资拉动经济增长，容易导致结构失衡和滋生政府垄断，从而不利于经济效率的提高（Xu 和 Yan，2014）。[8] 有学者研究美国公共债务扩张对经济增长、私人投资和物价水平的影响时发现，公共债务的扩张对美国短期经济稳定具有积极的作用，但不利于经济长期发展，并且会导致经济增长波动加剧（郝宇彪，2015）。[9] 理论上，"挤出效应"会引起利率上升和借贷资金需求上涨，导致民间部门的支出减少，使市场资源的配置处于非效率状态，进而导致区域经济效率下降（Traum 和 Yang，2015）。[10] 有研究指出，中国地方政府的支出扩张并未对经济效率发挥促进作用，支出扩张所引发的固定资产投资对企业研发投资的"挤出效应"和信贷资源的低效率配置是这种作用难以发挥的重要原因（安苑，2013）。[11] 其次，政府支出规模的扩大需要更多的税收来支撑，而税收的增加不利于经济的增长。税收的增加，往往导致人力资本等生产要素的流动，进而影响地区经济发展（王鲁宁和何杨，2014）。[12] 最后，有学者基于交易费用视角间接证明了地方财政支出对经济增长的负面效应，因为庞大的官僚体制导致制度运行费用极高，反而削弱了财政支出的生产性功能（李晓嘉，2012）。[13] 政府行政性支出并不能直接创造财富，过大规模的此类支出及其过快的增长势必耗费过多资源，反而会阻碍经济增长。如果考虑政府行政性支出增加无法提高行政效率的可能性，此类支出对经济发展的阻碍作用将会更加明显。

上述研究大多是从国家和省级层面进行实证分析，特别是国外的多数研究集中于跨国数据，这些实证研究所得出的结论主要基于较为宏观层面的经验证据。国内虽也有对一些较大的地级市进行专门的研究，但很少有针对省内不同经济区的分类比较研究。为了理解地方公共支出的区域经济效应，本文以江苏省三大经济区 13 个地级市 2007—2014 年的面板数据为样本，采用随机前沿模型方法，将公共支出的规模和结构作为影响因素变量，实证考察地方政府的公共支出行为是否有利于区域经济效率的提升。与以往研究相比，本文在样本选择、财政分类支出纳入影响因素和"一步法"估计模型应用方面具有新意。

## 二、地方公共总支出和分类支出：江苏省 13 地市的案例

作为东部沿海经济发达省份，江苏省的区域经济发展水平位于全国前列。根据地理位置和区域经济发展实际情况，江苏省 13 个地级市可划分苏南、苏北、苏中三大经济区域。苏南为江南五市，包括南京、苏州、无锡、常州和镇江；苏中为江北沿江三市，包括扬州、泰州和南通；苏北为江北其余五市，包括徐州、连云港、盐城、淮安和宿迁。其中，以苏州为代表的"苏南"模式长期成为区域发展的正面样本。近年来，除苏南继续领跑区域经济增长外，苏中、苏北也呈现较快的增长速度。据统计，2011—2014 年苏南、苏中、苏北 GDP 年均增长分别达到 10.5%、11.7% 和 12.2%；苏中、苏北对全省经济增长的贡献率由 39% 提高到 44.6%。在长三角一体化、江苏沿海地区发展、苏南现代化建设示范区等战略实施之际，江苏又迎来"一带一路"和长江经济带建设两个国家战略。这些战略的实施离不开财政政策的支持。

自 2007 年我国财政支出分类改革以来，① 江苏省三大经济区 13 地市的财政支出规模逐年增加（见图 1）。一方面，从绝对规模看，2007—2014 年，苏州、南京、无锡等苏南区域的公共支出远远高于苏中和苏北两大区域。苏北地区经济基础薄弱，虽然有着丰富的自然资源和农副产品资源，却未能构建一个具有影响力的大市场，因而公共支出规模相对偏低。另一方面，图 1 也反映出样本期内 13 地市公共支出的相对规模都呈上升趋势，其中连云港、宿迁、淮安、盐城、徐州等苏北地区公共支出的相对规模最高，苏中次之，苏南地区最低，这与目前江苏区域经济发展状况基本一致。苏北由于区位环境、历史条件、自然资源、基础设施等因素的影响，发展起步较晚，需要通过财政支出倾斜来促进经济发展；而苏中地区受这些因素的影响虽不及苏北地区大，但也需要相关财政政策的大力扶持。

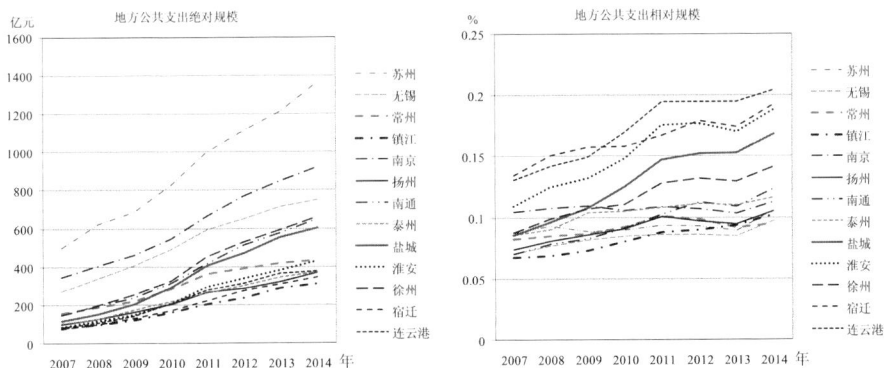

**图 1　江苏省 13 个地级市 2007—2014 年公共支出绝对规模和相对规模**

从分类支出看，2014 年全省公共财政支出的 75% 以上用于民生保障，省级民生支出占财政总支出的比重达到 80%，各级财政对社保、医疗、教育的支持标准在往年基础上继续提高。图 2 显示，2007—2014 年江苏 13 个地级市的公共投资性支出呈现逐年增加趋势，除苏州、南京和无锡的城乡社区事务

----

① 政府支出分类是将政府支出的内容进行合理的归纳，以便准确反映和科学分析支出活动的性质、结构、规模以及支出的效益。按照 2007 年 1 月 1 日正式实施的政府收支分类改革，我国现行支出分类采用了国际通行做法，即同时使用支出功能分类和支出经济分类两种方法对财政支出进行分类（以《2009 年政府收支分类科目》为例）。

支出处于较高水平外（近年来的年度支出都超过 100 亿元），其他地级市公共投资性支出水平差异较小（近年来的年度支出基本位于 50 亿~100 亿元）。

就公共消费性支出而言，近年江苏13个地级市的教育支出水平最高，大多地市处于50亿元以上，有近50%的地市还超过100亿元，且不同地级市之间的差异较为明显（见图3）。而一般公共服务支出、社会保障和就业支出规模大都集中在50亿元左右，有少部分地市超过50亿元，除苏州外，其他地级市之间的支出水平差异不是很大。而医疗卫生支出水平居中，大部分地市接近 50 亿元。在分类支出中处于较低水平的依次是科技支出、文体支出和环保支出，其中环保支出水平最低。对比各个地级市时发现，苏州、南京和无锡的公共消费性支出水平依然高于其他地市。

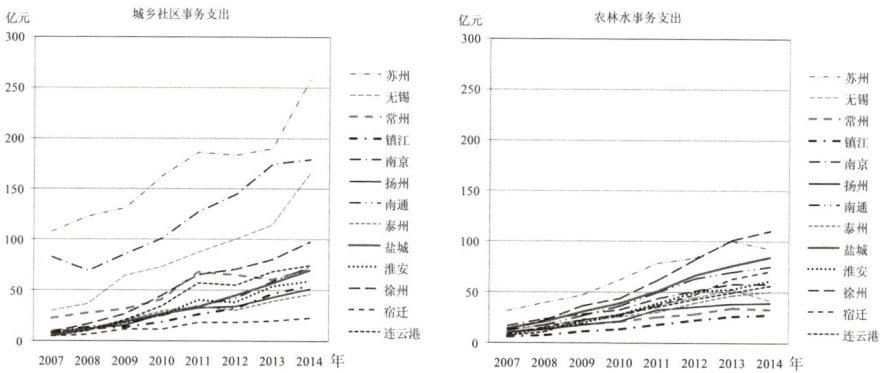

**图2　江苏省 13 个地级市 2007—2014 年公共投资性支出**

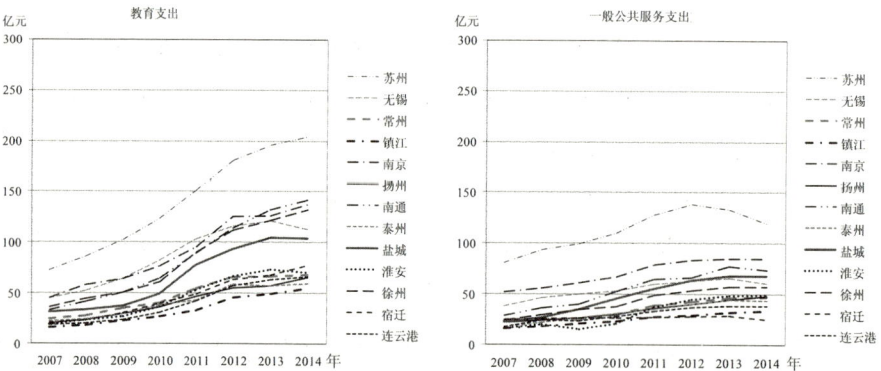

**图3　江苏省 13 个地级市 2007—2014 年主要公共消费性支出**

地方政府公共支出规模和结构差异必然对区域经济增长方式、质量甚至效率产生不同的影响。因此，本文主要关注的问题是，地方公共支出究竟会产生什么样的区域经济效应？

## 三、方法、模型与数据

### （一）方法与模型

地方公共支出的区域经济效应可以从公共支出带来的区域经济增长和区域经济效率两个方面来评价，本文主要从区域经济效率的角度来检验公共支出的区域经济效应。区域经济效率是指区域要素投入与产出或成本与收益之间的比例关系，是资源的有效配置、市场竞争能力、投入产出能力和可持续发展能力的总称。按照全要素生产率的常用方法，经济效率可细分为配置效率、技术效率和技术进步。其中，配置效率涉及投入要素之间的相对价格，技术进步涉及全要素生产率的变动，而技术效率衡量一定产出条件下的最小投入或一定投入条件下的最大产出比例关系。

为了从区域经济效率的角度来检验公共支出的区域经济效应，就需要构建一个区域经济效率影响因素模型。一般而言，第一步需要测算区域经济效率，通常可采用参数法（如索洛余值法和增长核算法），也可采用非参数法（如指数法和数据包络分析法）。第二步构建公共支出变量与区域经济效率变量之间的回归模型，但是，这种方法因两阶段的效率分布假设不同，导致参数估计低效和有偏，即"两步法"悖论。目前，在效率研究中广泛应用的随机前沿分析（SFA）可以有效避免这一悖论。采用 SFA 分析的优点在于：一方面，它在解释生产处于前沿边界之内的原因时考虑了技术无效率和随机冲击，可"一步"估计出技术效率的影响因素，避免"两步法悖论"问题；另一方面，它可以用面板数据估计，不仅可以衡量个体之间的效率差异，而且还可以衡量同一个体在不同时刻的效率变化。基于 Battase – Coelli 模型和生产函数理论，并考虑到事先不清楚区域经济生产要素之间的替代弹性，本文采用形式比较灵活、可近似反映任何生产技术的超越对数（Translog）生产函数。因此，区域经济 SFA 模型的基本形式如下

$$\ln Y_{it} = \beta_0 + \beta_\tau \tau + \beta_{\tau\tau} \tau^2 + \beta_K \ln(K_{it}) + \beta_L \ln(L_{it}) + \beta_E \ln(E_{it})$$
$$+ \beta_{KK}(\ln K_{it})^2 + \beta_{LL}(\ln L_{it})^2 + \beta_{EE}(\ln E_{it})2$$
$$+ \beta_{KL}\ln(K_{it})\ln(L_{it}) + \beta_{KE}\ln(K_{it})\ln(E_{it}) \qquad (1)$$
$$+ \beta_{LE}\ln(L_{it})\ln(E_{it}) + \beta_{KLE}\ln(K_{it})\ln(L_{it})\ln(E_{it})$$
$$+ \beta_{K\tau}\tau\ln(K_{it}) + \beta_{L\tau}\tau\ln(L_{it}) + \beta_{E\tau}\tau\ln(E_{it}) + (\upsilon_{it} - u_{it})$$

式（1）中，$Y_{it}$ 表示第 $i$ 市第 $t$ 年的产出，$\tau = T - T_0$ 为时间趋势变量，$K$、$L$ 和 $E$ 分别代表发展经济所投入的资本、劳动和能源要素，$\beta$ 为待估参数，$\beta_K$、$\beta_L$ 和 $\beta_E$ 分别对应各个城市年末资本存量 $K_{it}$、就业人数 $L_{it}$ 和能源消费 $E_{it}$ 的产出弹性系数。误差项由两个独立部分组成：$\upsilon_{it} \sim iid\ N(0,\ \sigma_\upsilon^2)$，且独立于 $u_{it}$，用来度量统计误差和各种不可控的随机因素，如气候条件和运气等；$u_{it}$ 代表生产过程中的技术非效率，非负且独立于统计误差 $\upsilon_{it}$。

根据技术效率的定义和衡量方法，本文中的区域经济效率是指各个城市在资本、劳动和能源投入不变条件下所能得到的最大产出能力。因此，为了估计区域经济效率的影响因素，假定 $u_{it}$ 服从均值为 $m_{it}$、方差为 $\sigma_u^2$、在 0 点左边被截断的正态分布 $N(m_{it},\ \sigma_u^2)$。其中 $m_{it}$ 被定义为

$$m_{it} = z_{it}\delta \qquad (2)$$

式（2）中的 $z_{it}$ 是一个 $p \times 1$ 向量，代表影响区域经济效率的外生性因素，在本文中具体指公共支出的绝对规模、一般公共服务支出、教育支出、科学技术支出、文化和体育支出、社会保障支出、医疗卫生支出、环保支出、城乡社区事务支出和农林水事务支出。$\delta$ 为 $p \times 1$ 的待估参数，反映变量 $z_{it}$ 即公共支出对区域经济效率的影响，负值表明该变量对区域经济效率有正响影响，正值表明有负响影响。

对十参数估计方法，用 $\sigma^2 = \sigma_\upsilon^2 + \sigma_u^2$ 和 $\gamma = \sigma_u^2 / (\sigma_\upsilon^2 + \sigma_u^2)$ 代替 $\sigma_\upsilon^2$ 和 $\sigma_u^2$。然后用极大似然估计法和 Frontier4.1 软件进一步估计式（1）和式（2），就可以得到 $\beta$、$\delta$、$\sigma^2$ 和 $\gamma$ 参数的估计量。参数 $\gamma$ 的值处于 0 和 1 之间，反映误差项中无效率所占比例。如果 $\gamma$ 趋近于 0，表明 $\sigma_u^2$ 为 0，误差项主要来源于不可控的随机误差，此时公共支出对区域经济可能不存在无效率。如果 $\gamma$ 趋近于 1，则表明误差项主要来源于无效率项，对 $\gamma$ 估计值的

统计检验可以反映出效率的变异是否具有统计显著性。

（二）变量与数据

按照上述理论分析和模型要求，江苏省三大经济区 13 个地市要素投入变量包括资本（K）、劳动（L）和能源（E），产出变量（Y）用 GDP 表示。

在效率测算模型中，中国统计部门没有公布资本存量数据，因此确定资本存量是本研究中的难点。估算资本存量的基本原理是永续盘存法（参见张军，2004），[14] 计算公式为

$$K_{it} = K_{it-1}(1 - \delta_{it}) + I_{it} \tag{3}$$

式（3）中 $i$ 为第 $i$ 市，$t$ 为第 $t$ 年，$I_{it}$ 为第 $i$ 市第 $t$ 年的投资，$K_{it}$ 为经定基价格指数平减后的第 $i$ 市第 $t$ 年的资本存量（平减指数用历年居民消费价格指数代替）。假设各市的全社会固定资产投资的建设周期均为 3 年，为了方便计算，在此进一步假设当年的投资额中仅有 1/3 转化成了可投入生产的固定资产，前一年投资的 1/3 也在本年达到了固定资产的标准，那么 $t$ 年的新增固定资产额等于 $\frac{1}{3}(I_{it} + I_{it-1} + I_{it-2})$。$\delta$ 为折旧率，参考张军（2004）的做法，将其设定为 9.6%。然而，由于各个城市的初始资本存量没有现成的原始数据，本文借鉴柯善咨（2012）的处理方法，[15] 即初始资本存量的计算公式为

$$K_{i0} = I_{i0}\left(\frac{1 + g}{g + \delta}\right) \tag{4}$$

假定 $I_{it}$ 是第 $i$ 市 $t$ 年的不变价投资，在本文中 $I_{it} = (i_{it} + I_{it-1} + I_{it-2})/3$，$I_{i0}$ 是初始年份 0 的不变价投资，$g$ 为不变价投资 $I_{it}$ 的平均增长率，$\delta$ 为资本的折旧率，那么初始年份前一年（即 −1 年）的不变价投资是 $I_{i0}/(1 + g)$。假定折旧是从投资完成后的第二年开始的，那么（−1 年）的投资额年末仍在资本存量中的部分是 $I_{i0} \times (1 - \delta)/(1 + g)$。类似地，初始年份前两年（−2 年）发生的投资总额仍在 0 年的资本存量中的数量等于 $I_{i0} \times [(1 - \delta)/(1 + g)]^2$。汇总 0 年和更早之前的投资，可以得到初始年份前的所有投资无穷等比递减数列和，如式（4）所示。

　　L 代表劳动投入，其包含劳动力数量和质量两个因素，用平均受教育年限和劳动力数量的乘积表示人力资本存量。[16] 劳动力数量采用历年从业人员数指标。平均受教育年限计算公式为

$$H = \sum_{i=1}^{n} p_i h_i / p \tag{5}$$

式（5）中 $H$ 为某一年龄及其以上人口的平均受教育年限，$i$ 为受教育程度，$p$ 为该年龄及其以上人口中第 $i$ 层次受教育程度的人口数，$h_i$ 为第 $i$ 层次受教育程度的受教育年限，$p$ 为该年龄及其以上人口的总数。

　　能源投入（E）使用各市历年规模以上工业企业能源消耗量来表示，单位为万吨标煤。反映经济产出总量的指标为 GDP，对于各市 GDP 数据，采用居民消费价格指数将其折算成 2007 年价格的数据。

　　在影响因素模型中，公共支出变量包括公共支出规模（$z_{pfe}$），公共支出结构选取统计年鉴列表中 9 种代表性的分类支出，即一般公共服务支出（$z_{pse}$）、教育支出（$z_{ee}$）、科学技术支出（$z_{ste}$）、文化与体育支出（$z_{cse}$）、社会保障（$z_{sse}$）、医疗卫生支出（$z_{he}$）、环保支出（$z_{pee}$）、城乡社区事务支出（$z_{urae}$）和农林水事务支出（$z_{afwe}$）。

　　总体而言，在分析地方公共支出对区域经济效率影响的模型中，研究样本是一个包括 13 个城市、时间跨度为 8 年的具有较大信息容量的面板数据。主要变量的描述性统计如表 1 所示。文中所采用的相关数据均来源于历年《江苏统计年鉴》、各市统计年鉴、各市国民经济和社会发展统计公报。

表 1　　　　　　　　　　　主要变量的描述性统计

| 变量定义 | 变量符号 | 观测值 | 均值 | 标准差 | 最小值 | 最大值 |
|---|---|---|---|---|---|---|
| 产出 | ln（Y） | 104 | 7.9030 | 0.7111 | 6.2953 | 9.5171 |
| 资本 | ln（K） | 104 | 8.5660 | 0.7333 | 6.6783 | 10.1148 |
| 劳动 | ln（L） | 104 | 6.0148 | 0.4629 | 5.3179 | 7.1701 |
| 能源 | ln（E） | 104 | 7.3618 | 0.9861 | 4.9793 | 9.1638 |
| 公共支出规模 | $z_{pfe}$ | 104 | 371.7822 | 254.7011 | 72.93 | 1366.01 |
| 一般公共服务支出 | $z_{pse}$ | 104 | 46.1030 | 26.2717 | 14.83 | 138.43 |
| 教育支出 | $z_{ee}$ | 104 | 65.0796 | 40.1832 | 15.42 | 204.05 |
| 科学技术支出 | $z_{ste}$ | 104 | 13.0842 | 14.5904 | 0.84 | 76.37 |
| 文化与体育支出 | $z_{cse}$ | 104 | 7.0322 | 6.8750 | 0.88 | 41.70 |

续表

| 变量定义 | 变量符号 | 观测值 | 均值 | 标准差 | 最小值 | 最大值 |
|---|---|---|---|---|---|---|
| 社会保障 | $z_{sse}$ | 104 | 32.1988 | 23.3754 | 4 | 123.96 |
| 医疗卫生支出 | $z_{he}$ | 104 | 22.0528 | 14.9924 | 3.36 | 70.07 |
| 环保支出 | $z_{pee}$ | 104 | 11.4067 | 10.0007 | 0.82 | 46.57 |
| 城乡社区事务支出 | $z_{urae}$ | 104 | 54.4389 | 50.2077 | 4.72 | 257.47 |
| 农林水事务支出 | $z_{afwe}$ | 104 | 37.4092 | 23.5163 | 5.79 | 110.70 |

## 四、公共支出的区域经济效应实证结果

根据上述模型和江苏省三大经济区 13 地市 2007—2014 年的样本数据，用最大似然估计法进行估计，得到前沿生产函数和效率损失函数的估计结果如表 2 所示。可以看出，SFA 模型估计结果中大部分解释变量的估计系数符合理论预期，具有统计显著性。从模型检验 $\gamma$ 来看，$\gamma = 0.83$，并且其 T 统计值和 LR 单边检验误差的 T 统计值均通过了 1% 的显著性检验，表明江苏三大经济区 13 地市的实际产出偏离最优生产边界。这意味着在区域经济效率的外生性影响中，技术非效率 $\mu$ 项超过 80%，远大于统计误差项，存在着较大的效率损失问题，不可控因素很少，因此采用 SFA 模型是合理的。

表 2　　　　　　　随机生产前沿模型参数的估计结果

| 待估参数 | 估计值 | 标准误差 | T检验值 | 待估参数 | 估计值 | 标准误差 | T检验值 |
|---|---|---|---|---|---|---|---|
| $\beta_0$ | 34.7630 | 1.0112 | 34.3779 | $\beta_{E\tau}$ | 0.0855 *** | 0.0362 | 2.3578 |
| $\beta_K$ | -7.5121 **** | 1.2578 | -5.9680 | $\sigma_0$ | -0.2797 | 0.2195 | -1.2742 |
| $\beta_L$ | 0.5981 | 0.9900 | 0.6041 | $\sigma_{pfe}$ | 0.0029 | 0.0041 | 0.7078 |
| $\beta_E$ | -3.6754 *** | 1.8221 | -2.0171 | $\sigma_{pse}$ | -0.0069 | 0.0072 | -0.9544 |
| $\beta_\tau$ | 1.3470 **** | 0.3996 | 30.3709 | $\sigma_{ee}$ | -0.0088 | 0.0106 | -0.8312 |
| $\beta_{\tau\tau}$ | 0.0716 **** | 0.0147 | 4.8821 | $\sigma_{ste}$ | -0.0692 **** | 0.0221 | -3.1346 |
| $\beta_{KK}$ | 1.0870 **** | 0.1931 | 5.6301 | $\sigma_{cse}$ | 0.0330 ** | 0.0182 | 1.8159 |
| $\beta_{LL}$ | 0.1634 | 0.2270 | 0.7202 | $\sigma_{sse}$ | 0.0230 *** | 0.0097 | 2.3596 |
| $\beta_{EE}$ | 0.2342 **** | 0.0834 | 2.8076 | $\sigma_{he}$ | -0.0349 *** | 0.0175 | 1.9886 |
| $\beta_{KL}$ | -0.7481 *** | 0.3668 | -2.0396 | $\sigma_{pee}$ | -0.0293 ** | 0.0163 | -1.8031 |
| $\beta_{KE}$ | -0.1684 | 0.2199 | 0.7659 | $\sigma_{urae}$ | 0.0104 * | 0.0064 | 1.6227 |
| $\beta_{LE}$ | 0.7753 **** | 0.2271 | 3.4133 | $\sigma_{afwe}$ | 0.0131 ** | 0.0075 | 1.7462 |
| $\beta_{LKE}$ | -0.0567 **** | 0.0202 | -2.8077 | $\gamma$ | 0.83 **** | 0.1187 | 6.9920 |
| $\beta_{K\tau}$ | -0.5464 **** | 0.1005 | -5.4392 | 单边误差似然比统计量 LR 为 61.0959 | | | |
| $\beta_{L\tau}$ | 0.3550 **** | 0.1144 | 3.1040 | | | | |

注：* 表示 15% 的显著性水平、** 表示 10% 的显著性水平、*** 表示 5% 的显著性水平、**** 表示 1% 的显著水平。

基于实证结果，我们发现公共投资性支出对区域经济具有显著的负向效应，而公共消费性支出类别中的科技、医疗、环保支出表现出正向的区域经济效应，社保、文体支出却表现出负向效应。样本期内，公共支出规模没有表现出明显的区域经济效应。此外，我们也发现生产要素投入的区域经济效应已经非常有限。具体来看，主要体现在以下几个方面。

（一）公共投资性支出对区域经济具有显著的负向效应

城乡社区事务支出和农林水事务支出的系数 $\sigma_{urae}$、$\sigma_{afwe}$ 分别为 0.0104 和 0.0131，弹性系数为正，且都通过了显著性检验，表明这两种支出的增加对区域经济具有明显的负向效应，即当城乡社区事务支出或农林水事务支出每增加 1 个单位，将会导致区域经济效率降低约 0.01 个单位。城乡社区事务支出和农林水事务支出都属于公共投资性支出，且主要涉及基础设施方面的公共产品提供，而样本期内增加这两种投入并不利于区域经济效率的提高。对此可能的解释是，虽然完善的公共基础设施可以促进区域经济的发展，但可能由于江苏省三大经济区的基础设施相对较为完善，政府相关投资已接近饱和，再加大此类投入会影响到经济效率。或者是由于没有成本压力和缺乏利润动机，政府投资生产公共基础设施的成本高于私人部门，从而降低区域经济效率。

（二）科技、医疗、环保支出对区域经济具有显著的正向效应

从江苏省 13 个地市的样本来看，教育支出是公共消费性支出中比重较高的分类支出，其系数 $\sigma_{ee}$ 为 −0.0088，但没有通过显著性检验。这意味着，财政分类支出中的教育支出对区域经济效率的提高起到了积极作用，但短期内效果并不显著。教育是一种重要的公共产品，教育投资的长期效应和溢出效应会非常可观。

科学技术支出的系数 $\sigma_{ste}$ 为 −0.0692，且通过了 1% 的显著性检验，显示科技支出对区域经济的显著正向效应，即当科技支出每增加 1 个单位，将带动区域经济效率提升约 0.07 个单位。相对于教育支出而言，科技支出对区域经济效率的提升能够发挥更为明显的积极效果。科学技术是第一生产力，科技进步对于经济效率的正面效应已为各国或地区的实践经验所证实。

医疗卫生支出的系数 $\sigma_{he}$ 为 $-0.0349$，且通过了 5% 的显著性检验，表明医疗卫生支出对区域经济效率产生了显著的正面效应。结果显示，医疗卫生支出每增加 1 个单位，将促进区域经济效率提升约 0.03 个单位。现实中，借助医疗卫生公共支出，公共卫生部门可通过治疗疾病、预防传染病、增加劳动力卫生防疫知识等多种渠道改善居民健康状况和提高劳动者素质，进而有利于增加劳动者的工作时间，提高市场参与率，产生较为明显的人力资本效应。

环保支出的系数 $\sigma_{pee}$ 为 $-0.0293$，通过了 10% 的显著性水平，显示了环保支出在促进区域经济效率提升方面的正面效果。也即当环保支出每增加 1 个单位，将导致区域经济效率提升约 0.03 个单位。实践中，环保支出用于提高环境保护方面的科研水平和环境健康教育水平，有利于改进生产技术和促进节能环保型技术的研发及使用，从而有助于提高经济效率。

一般公共服务支出的系数 $\sigma_{pse}$ 为 $-0.0069$，但没有通过显著性检验。公共服务是社会进步的集中表现，是区域经济发展的基本需要。政府行政性支出是地方政府公共支出的重要组成部分，其能够对社会资源进行有效的配置，为经济发展和社会进步提供制度保证。公共服务支出的系数为负，说明政府行政性支出对区域经济效率的提高具有正面影响。

（三）社保、文体支出对区域经济效率具有负面效果

社会保障支出的系数 $\sigma_{sse}$ 为 0.023，并通过了 5% 的显著性检验，表明了其对区域经济效率的负向作用。社会保障支出每增加 1 个单位，区域经济效率就下降约 0.02 个单位。社会保障和就业支出属于政府转移性支出，带有一定的福利性质，对经济增长的作用有限。理论上，过高的福利支出会减少用于发展经济的支出，从而阻碍经济的发展，但有利于民生发展和社会和谐。

文化和体育支出的系数 $\sigma_{cse}$ 为 0.033，并通过了 10% 的显著性检验，说明文体支出对区域经济效率具有负向效应。文体支出每增加 1 个单位，区域经济效率就下降约 0.03 个单位。文体支出的外溢效应具有一定的迟滞性，在短期内难以发挥其作用，但不可忽视其长期效应。

### （四）公共支出规模没有明显的区域经济效应

从影响因素看，财政支出规模的系数 $\sigma_{pfe}$ 为 0.0029，但没有通过显著性检验。这表明，就本文所考察的发达地区江苏省 13 地市 2007—2014 年的样本而言，公共支出规模的增加并没有产生明显的区域经济效应。然而，$z_{pfe}$ 的系数符号为正，说明从影响机制看，财政支出规模对区域经济效率影响是负面的，即财政支出规模的持续增加不利于区域经济效率的提高。公共支出总量扩大对区域经济产生负面效应的原因可能在于公共支出的分配不合理，即公共支出结构的问题。政府相当一部分的公共支出用于非生产性支出，如社会福利、社会救助等方面，其对经济效率的作用是有限的。或者是政府支出的规模过大，政府对社会事务的管理范围扩大，导致公共成本增高。有趣的是，我们采用同样的方法，对武汉城市圈 9 个城市 2007—2013 年的面板数据样本进行估计时发现，财政支出规模对区域经济效率具有显著的负向效应。这意味着，在区域经济发展中，地方公共支出维持在适度规模才利于区域经济效率的提升。

### （五）生产要素投入的区域经济效应有限

从三大投入要素的产出弹性看，资本的产出弹性系数 $\beta_K$ 为 -7.5121，且通过了 1% 的显著性检验，意味着资本存量每增长 1 个单位，将使 GDP 下降约 7.5 个单位。人力资本的产出弹性系数 $\beta_L$ 为 0.5981，但没有通过显著性检验，说明人力资本虽长期有利于经济效率的提高，但短期内贡献并不明显。能源的产出弹性系数 $\beta_E$ 为 -3.6754，是个负数，表明能源要素的增加对区域经济效率的提高存在负面影响和对经济发展的抑制效应。现实中，三大经济区高投入、高能耗、偏重数量扩张的发展方式，造成能源的过度消耗和环境成本日益增高，表明能源环境问题已经成为阻碍区域经济发展的一个重要因素。

从三大投入要素的交叉项来看，$\beta_{KL}$、$\beta_{KE}$ 和 $\beta_{KT}$ 的估计结果都为负，这说明江苏省三大经济区在当前的发展阶段中，资本贡献率随着时间的推移呈现递减的效果，进而对经济效率的提高产生了负面影响。$\beta_{KLE}$ 的弹性系数为 -0.0567，意味着同时增加三大要素的投入同样不利于经济效率的提高，长期持续下去将会导致资源浪费。特别是能源的不可再生性和自然资源的稀缺性决定了江苏省区域经济的发展不可能长期依靠要素投入的数量增加，而应依赖于技术效率的不断提高。

此外，表3显示，2007—2014年三大经济区13个地市的经济效率均值为0.8538，这表明在不增加资本、劳动和能源等生产要素的前提下，三大经济区的经济效率还有一定的提升空间。首先，就地市比较而言，区域内大多数地市的效率值都呈现出逐渐增长的趋势，并且苏中区域内部三个城市的效率值均保持在90%以上。这说明在经济发展过程中，投入要素的使用效率在逐年提高，实际产出与前沿面的距离在不断缩小。其次，从三大区域的平均效率来看，苏中的经济效率均高于苏南和苏北的效率均值。苏中处于长三角核心地带，紧靠国家级区域中心城市上海，在承接产业转移、技术和产品扩散方面具有优势，因而经济发展的后起之势较大。虽然江苏省对较为落后的苏北地区给予大量的财政转移支持，但由于苏北各市的软硬件与苏南和苏北各市仍有较大差距，这使得其财政资金在支出效果上会打折扣，所以经济效率相对较低。最后，每个区域内部地市之间的经济效率也存在差距，如南京的效率值在苏南区域中是最低的。南京历年的公共支出仅次于苏州，而经济效率却是三大区域内最低的，这表明南京经济的发展主要是靠大量的投入在支撑，投入产出的转化率较低。

表3　　江苏省三大经济区13地市区域经济效率比较（2007—2014年）

| 年份 | 2007 | 2008 | 2009 | 2010 | 2011 | 2012 | 2013 | 2014 | 均值 |
|------|------|------|------|------|------|------|------|------|------|
| 苏州 | 0.5141 | 0.6304 | 0.7474 | 0.7870 | 0.9467 | 0.9800 | 0.9844 | 0.9104 | 0.8125 |
| 无锡 | 0.7728 | 0.9793 | 0.9287 | 0.9253 | 0.9716 | 0.9680 | 0.9748 | 0.9369 | 0.9322 |
| 常州 | 0.9200 | 0.9299 | 0.9466 | 0.9189 | 0.9226 | 0.8955 | 0.9652 | 0.9474 | 0.9308 |
| 镇江 | 0.9427 | 0.9233 | 0.9591 | 0.9408 | 0.9678 | 0.9521 | 0.9592 | 0.9060 | 0.9439 |
| 南京 | 0.6015 | 0.6471 | 0.7280 | 0.6511 | 0.7085 | 0.6001 | 0.6549 | 0.5763 | 0.6459 |
| 扬州 | 0.9651 | 0.9645 | 0.9730 | 0.9579 | 0.9758 | 0.9613 | 0.9676 | 0.9429 | 0.9635 |
| 南通 | 0.9685 | 0.9553 | 0.9616 | 0.9036 | 0.9590 | 0.9031 | 0.9616 | 0.9446 | 0.9447 |
| 泰州 | 0.9584 | 0.9448 | 0.9386 | 0.8757 | 0.9303 | 0.9185 | 0.9583 | 0.9419 | 0.9333 |

续表

| 年份 | 2007 | 2008 | 2009 | 2010 | 2011 | 2012 | 2013 | 2014 | 均值 |
|---|---|---|---|---|---|---|---|---|---|
| 盐城 | 0.9631 | 0.9018 | 0.8992 | 0.7856 | 0.9166 | 0.9531 | 0.9740 | 0.9608 | 0.9193 |
| 淮安 | 0.8672 | 0.8191 | 0.8589 | 0.7131 | 0.7620 | 0.5986 | 0.6066 | 0.5339 | 0.7199 |
| 徐州 | 0.9164 | 0.8432 | 0.8431 | 0.7049 | 0.7016 | 0.6126 | 0.6057 | 0.5280 | 0.7194 |
| 宿迁 | 0.9642 | 0.9263 | 0.9372 | 0.8710 | 0.9271 | 0.8377 | 0.8437 | 0.7193 | 0.8783 |
| 连云港 | 0.9071 | 0.8575 | 0.8638 | 0.7404 | 0.7524 | 0.6604 | 0.6776 | 0.5836 | 0.7554 |
| 均值 | 0.8662 | 0.8710 | 0.8912 | 0.8289 | 0.8802 | 0.8339 | 0.8564 | 0.8025 | 0.8538 |

## 五、结论及政策含义

为了研究地方公共支出的区域经济效应，本文以江苏省三大经济区 13 地市 2007—2014 年的数据为样本，采用随机前沿模型方法，将公共支出的规模和结构作为影响因素变量，实证考察地方政府的公共支出行为是否有利于区域经济效率提升。结果显示，城乡社区事务和农林水事务等公共投资性支出对区域经济具有显著的负向效应；公共消费性支出类别中的科技、医疗、环保支出表现出正向的区域经济效应，而社保、文体支出却表现出负向效应。样本期内，公共支出规模没有显示出明显的区域经济效应。从投入要素看，资本和能源对江苏省区域经济发展产生了明显的抑制效应，而人力资本对区域经济的正面效应还未充分显现。

上述结论蕴含的政策含义包括以下几个方面。

第一，虽然实证结果并没有发现公共支出规模的明显区域经济效应，但区域经济的发展仍离不开政府的财政支持。为了使地方公共支出规模对区域经济效率的影响趋于正向，政府需要完善财政支出制度，构建合理的财政支出结构，即不仅要设计调整好公共支出的最优规模，还要把握好财政各项目支出的结构和尺度，在保证基本建设支出稳定增长的同时，适时适度地将财政支出逐渐转向有利于区域经济效率提升的领域。

第二，在公共支出结构方面，首先要适当压缩公共投资性支出，尤其是要控制基础设施投资的最优规模，避免公共投资对私人资本产生"挤出效应"。凡是市场能够有效配置资源的领域，地方政府就不应涉足；在市场不能发挥作用的公共领域需要由政府配置资源，安排财政支出。如此，不仅可以提高公共产品的供给效率，还可以提高私人资本的利用效率。其次要加大科技、医疗、环保等公共消费性支出，重视软投入对区域经济效率提升的作用。尤其是要加大科学研发方面的投入，通过现代化的先进科学技术驱动经济效率提升是当前也是未来区域经济发展的主要目标。此外，还要加大对教育和文化方面的财政支持力度，调整教育支出的内部结构，鼓励非公有制文化发展，提高公共文化服务社会化发展水平，努力积累人力资本和期待其长期效应的显现。最后要适当减少政府行政性支出，提高行政管理经费的使用效率，减少政府运行成本的效率损失。

第三，由于生产要素对区域经济增长的驱动力减弱，今后区域经济发展应切实转变粗放式的要素投入驱动模式，走集约型的效率提升和技术进步驱动模式，重视科技、医疗、环保等软投入对区域经济效率的积极作用，以适应新常态下的发展要求。

## 参考文献

［1］ Barro R. Government Spending in a Simple Model of Economic Growth. Journal of Political Economy，1990（98）：103 – 125.

［2］陈高，王朝才．中国地方财政支出与经济增长关系研究——基于1990—2012 年省际数据的线性混合模型分析［J］．财政研究，2014（8）.

［3］王延军．公共投资对私人投资的政策绩效分析［J］．审计研究，2014（3）.

［4］ Grisorio MJ，ProtaF. the Impact of Fiscal Decentralization on the Composition of Public Expenditure：Panel Data Evidence from Italy. Regional Studies，2013，49（12）：1941 – 1956.

［5］ FarhadiM. transport Infrastructure and Long – run Economic Growth in OECD Countries. transportation Research Part A：Policy and Practice，2015，74（4）：73 – 90.

［6］潘文卿，范庆泉．消费性财政支出效率与最优支出规模：基于经济增长的视角［J］．统计研究，2015（11）.

［7］曲如晓，刘杨．国民收入、价格水平与省级政府公共文化支出［J］．经济理论与经济管理，2014（6）．

［8］Xu X, Yan Y. Does Government Investment Crowd Out Private Investment in China? Journal of Economic Policy Reform，2014，17（1）：1 - 12.

［9］郝宇彪．公共债务扩张的宏观经济效应：理论演变与美国例证［J］．区域经济评论，2015（3）．

［10］Traum N, Yang SCS. When Does Government Debt Crowd Out Investment? Journal of Applied Econometrics，2015（30）：24 - 45.

［11］安苑．地方政府的支出扩张如何影响经济效率？——基于生产率促进型投资周期性的考察［J］．产经评论，2013（4）．

［12］王鲁宁，何杨．所得税税负、生产要素与区域经济增长［J］．财政税收，2014（6）．

［13］李晓嘉．公共支出促进我国经济增长方式转变的实证分析——基于动态面板数据的经验证据［J］．复旦学报（社会科学版），2012（5）．

［14］张军．中国省际物质资本存量估算：1952—2000［J］．经济研究，2004（10）．

［15］柯善咨．1996—2009 年中国城市固定资本存量估算［J］．统计研究，2012（7）．

［16］李世祥，成金华．中国能源效率评价及其影响因素分析［J］．统计研究，2008（10）．

# 解域与再结域："生态治理"城市政策流动的一种新设计

## ——以三峡生态经济合作区"宜昌试验"为例

◎杨 超 危怀安

华中科技大学公共管理学院，湖北武汉，430074

摘 要：城市生态环境持续恶化明确了"生态治理"的必要性。结合城市政策流动理论和德勒兹生成理论研究，对三峡生态经济合作区"宜昌试验"城市政策流动进行了"解域—再结域"的再设计，以期为"宜昌试验"的良性运行和后续的政策传播提供参考和借鉴。

关键词：生态治理 城市政策流动 生成理论 三峡生态经济合作区 宜昌试验

## 一、引 言

城市生态环境是城市发展的基本条件，而随着工业化进程的深入，水土和大气污染愈演愈烈，严重危及公民生活安全和人类社会发展。面对这些生存性危机，联合国人居署先后召开人居一（Habitat Ⅰ）和人居二（Habitat Ⅱ）两次峰会，发布了《千年发展目标》《可持续发展目标》，足见其关注的密切程度；各级政府纷纷出台政策加以应对却应接不暇，学习和效仿一些"成功案例""典范城市"的政策成为普遍现象。在全球范围内，表现出从"北"（发达国家）向"南"（发展中国家）的转移趋势，[1]但城市政策转移的问题繁多，效果不尽如人意。就中国城市政策制定与实施而言，制度约束和范式形成了较为顽固的路径依赖，片面强调"西学"忽视了中国城市的特质，尤其是城市"生态"政策的失误引起的生态灾难不堪设想。

针对这一现象，国外学术研究者开展了区别于城市政策学习、城市政策转移的城市政策流动（Urban Policy Mobilities）研究，从新自由主义、政策知识传播、政策国际化与本土化过程等方面展开，多角度剖析了欧洲、北美、南美和非洲地区的城市政策流动，深入分析了城市政策流动的政治性、趋势性和适用性，却鲜有从政策生成角度去构建城市政策流动的设计框架。因此，本文在借鉴德勒兹生成理论的基础上，以"三峡生态经济合作区"为例，对国内首个"生态治理试验区"城市政策流动进行了再设计，既为国内首个"生态治理试验区"的良性运行提出优化建议，又为政策的传播和实施提供更为科学的采纳路径。

## 二、城市政策流动中的解域—再结域过程

### （一）城市政策流动研究述评

城市政策流动的概念最早由尤金提出，指的是政策制定过程中的专业性真理（expertise of truth）会促进政策转移和全球政策知识网络中的"国际典范"政策本土化的实现，[1]但"典范"政策转移无法顺从"新自由主义"，主要受"内在的制度性遗产和制度性强制力"[2]的约束。城市政策流动与城市政策转移的区别在于：一方面，路径依赖、主流范式等制度性结构约束的流动取代了理性自愿地转移"典范"政策；另一方面，学习、转化和流动性替代了政策转移的静态性和全盘接受性。[3]

由此，相关研究主要从如下方面展开。

1. 城市政策流动的政治性：新本土主义、反政治和新自由主义

城市政策流动的政治性研究，主要是从时间和空间维度展开：从空间维度来看，新本土主义和反政治研究，拓展了城市政策空间流动的政治蕴含。克拉克认为，尺度政治强调的是新本土主义的政治经济维度，通过上升和下降尺度推进城市政策流动，[4]进而延展了城市政策流动的空间性特征。新本土主义为本地管理机构从多元化渠道获取服务，并加以管理，并找出官僚组织的市场化替代方式，而城市政策流动的尺度上推则是从更为宏观的空间主体，超越国家的界限去推动，尺度下降则反之从本地市镇等微观主体获取资源。迪迪埃等比较开普敦和约翰内斯堡的城市提升区政策流动差异，提出了政策流动在本质上的适应性特征。[5]

随后，克拉克又将"反政治"和"后政治"统一定义为"反政治"，即以公共领域取代政治领域，以科学理性取代政治领域的交往理性，以自律型利益者的共同意愿取代分歧，并将其视作城市政策流动的特征，在跨国政策流动的政策多表现出"技术性"并独立于本土政治环境。[6]

而新自由主义则倾向从时间和历史的角度，剖析城市政策时间流动的影响。邦内尔对城市政策流动中以欧美城市为模范加以批判，认为过度强调新自由主义和政策背后的历史，提出了城市政策流动中的"互引"影响，并将城市影响典范分为三类：试验性政策城市、世界级城市排名、模范型城市。[7]

从城市政策流动的政治性研究可以看出政策流动并不是简单、静态的政策转移过程，其中涉及诸多政治性因素和形态，而政治性研究缺失之处在于仅从历史中归纳出"互引"影响，却未从城市政策流动萌发角度进行分析和设计。

2. 城市政策流动的趋势性：方向性和非常规性

城市政策流动的趋势方向性流动主要表现"北—北""北—南"和"南—南"趋势。其中最为常见的是"北—南"趋势，即从发达国家的城市政策向发展中国家流动。[8][9]克拉克大量研究了南北城市间的伙伴关系，如姐妹城市、友好城市等，发现城间合作关系对城市比较和城市政策流动有

日渐显著的作用。[10]还有研究探讨了"北—南"城市政策流动的不平等性，如斯旺森研究了拉美的零容忍城市犯罪政策流动造成处于边缘化和种族化青年的不平等现象。[11]

"南—南"城市政策流动则反映了依据意识形态定位的政策学习和选择过程。[12]城市政策流动过程中，本地非政府组织充当了政策传播的主体，关系场所提供了政策流动的空间，社区领导者成为政策项目管理的代表，同时还需要社区居民的参与。[13]相较之下，"北—北"城市政策流动多发生在发达国家内部或者发达国家之间，与前两种流动不同的是，城市政策流动并不一定会发生模仿和适应。[5][14]

也有学者提出了城市政策流动的"非常规性"趋势：城市政策流动不一定是从城市到政策的选择过程，反过来看，从政策到城市的逆向过程，即地方性城市政策汲取国内外政策的经验，更凸显政策特色；[15]城市政策流动是一种"辩论性"过程，地方政治团体参与增加了政治上的民主性和方法上的多样性。[16]

城市政策流动的趋势反映出城市间政策学习、选择、模仿和适应的过程，方向性和非常规性趋势既考虑了宏观上的政策转移态势，又反思了微观上的形成机理，为本文准确把握"生态治理"政策流动的实质提供了反思。

3. 城市政策流动的传播性：必要性、媒介和风险

城市政策仍是一种知识或信息，全球知识循环流动为城市政策流动提供了基础。这种政策流动是对城市发展的一种真理性、经验性探索。专业性和真理性知识为政府进行城市治理提供了有力的依据，这种知识的获取源主要是各领域专家、公共关系人员等。[1][17]城市政策流动的传播离不开高等教育，培育相关人才为具有专业背景知识技能服务城市政策传播提供了人力基础。[18]也有学者提出城市政策扩散过程也存在一些风险：城市政策的地方性政策创新要建立在学习国际知识和本地的土地管理、文化和政治的基础之上。[19]对城市政策典范的过度模仿会导致以偏概全，并不一定能解决本地的问题。[17]

城市政策流动是在空间上更有效地实施政策转移的过程，上述研究从传播的“必要性—媒介—潜在风险”对逻辑思路进行了探讨，也为本文研究“生态经济合作区”的政策传播路径提供了参考。而本文以国内首个“生态治理”的试验区的政策流动研究也是对这种传播性特征的一种论证和补充。

4. 城市政策流动的适用性：国际化和本土化

城市政策流动的适用性研究则是对政策国际化和本土化问题的探讨和反思，以期找出政策合理流动的对策。如一些学者研究了商业提升区项目的政策流动过程，发现这项城市政策本质上是对新自由主义和城市治理的回归，其本土嵌入性可以模糊南北城市的传统界限，充分吸收国际化政策经验可以解决地方性城市危机。[20]地方参与者既是国际化政策本土化的重要人员，也是政府政策采纳的推动力量，促进城市政策的传播；地方决策者需要主动探寻国际典范政策指导地方实践。[10]也有学者探讨国际化和本土化政策的缘起，如有研究认为，城市政策流动集体想象，国际化想象和信念是城市政策流动传播扩散的重要力量。[21]

城市政策流动的适用性研究反映出国际化经验和政策在本地并不完全适用，其国际化和本土化的过程伴随着政治、文化、经济博弈，甚至受到诸如想象等抽象理念的诱导。而不以典范是从的“政策不流动”的流动则是在公认的“欧洲文化范式”之外对欧洲文化的重新定义，[22]也说明“流动性”和“不流动性”兼顾和打破国际典范政策的垄断后另辟蹊径是城市政策合理流动的对策。

城市政策流动的现有研究，虽较为全面深刻地从政治性、趋势性、传播性和适用性四方面剖析了城市政策流动过程，但鲜有从微观萌发机制对城市政策流动开展政策设计，而这种机制的抽象化解析是对城市政策流动普遍现象的深层抓取，不仅能够丰富城市政策流动特征研究，而且可以为政策流动实践提供有益的参考。

（二）城市政策流动的解域—再结域设计框架

本文拟引入法国哲学家德勒兹的生成理论搭建城市政策流动的政策设

计框架。德勒兹的生成理论从多学科视角生动地勾勒了生成—空间、生成—动物的关系，破除了传统主客体二分法，其中的解域—再结域思想是对传统局限的一种深层次超越。本文选取德勒兹解域—再结域思想主要基于三点原因：一是解域—再结域思想的主体消解在一定程度上解答了城市政策流动的政治性选择；二是解域—再结域思想提出的生成—动物的趋势，植根于城市政策流动的趋向性和传播性特征；三是解域—再结域思想中囊括了对于空间的分析，与城市政策流动的空间性恰恰吻合。

如图 1 所示，本文构建了解域—再结域的分析框架，具体而言，主体消解实质上是对主体和客体二分法的超越，提出欲望生产是一个"过程"，欲望机器是欲望和机器的组合，同时具有生产性的特征。由此可见，欲望和机器的联合驱动左右再结域的取向，城市政策流动中的政治性分析并没有脱离主体论的范畴，而主体的消解和超越才是政策流动真正意义上的"解域"过程，进而激发政策流动最大的功效。[23][24][25]

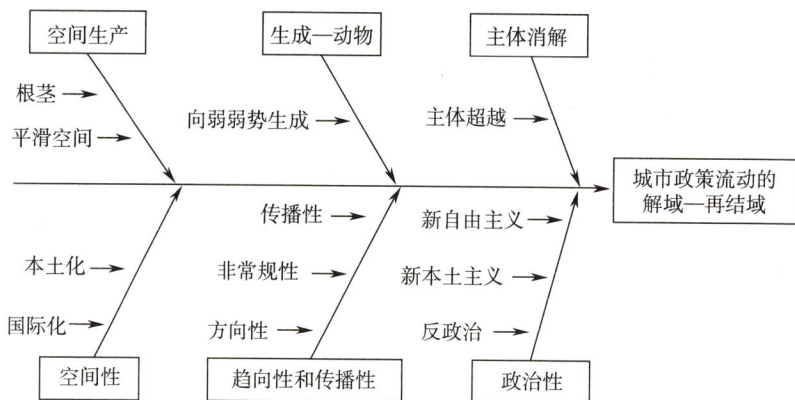

**图 1　城市政策流动的解域—再结域设计框架**

"生成—动物"从再结域的趋势和原因角度对城市政策流动提出了一些解释："动物之间的关系存在两种方式：系列和结构，前者的相似之处需要想象，而后者的相似则需要顾及多重分支，填补明显的断裂，驱除虚假的相似性，而生成—动物就是一种向弱者生成。"[23]从生成视角来窥探城市政策流动则不应将其视为是一种相似性或模仿，并非同一化过程，也"不是一种借助于血缘关系实现的进化"，而应是"联盟"和"共生"，"共生使迥异的等级和领域之中的存在物进入互动之中"。[23]

空间生产中的"根茎"和"平滑空间"为城市政策流动空间性作出了有益启发。"根茎可以在任意部分瓦解中断，但会沿着自身某条线或者其他线重新开始"体现出生成中的"逃逸"，[23]而城市政策流动应是为解决自身问题的政策诉求，典范政策的引进需要在"解域"之后生成，进而实现"非平行性进化"。"纹理化空间"是与"平滑空间"相对立的概念，"二者相互逆转且同时发生"，[23]纹理化空间是有边界、封闭的，由水平和垂直两种要素构成；而平滑空间则反之。作为一种纹理化空间，城市将原有自然的土地、山川确立了界线，但平滑空间在转化为纹理化空间过程中，被"赋予了不同的价值、作用范围及符号"，因此，"所有的生成都是在平滑空间实现的"。[23]城市政策流动是一项城市政策由平滑空间转化到纹理化空间的过程，采用国际化方式去解决地方性问题必须在价值承载和符号意义上有地方性特色。

## 三、城市政策转移与"宜昌试验"政策再设计

三峡生态经济合作区是中国首个"生态治理试验区"，以长江三峡为轴，地跨湖北、重庆、湖南三省市，区域特殊性明显。该区域既是长江重要交通枢纽和三峡工程的影响区，又是集中连片贫困区以及生态环境脆弱区。区域开发需从生态、经济、社会等多方面协同入手。正是基于上述背景，本文从国内生态经济区政策转移入手，并以城市政策流动的解域—再结域框架为基础，对"宜昌试验"进行了政策再设计。

### （一）"生态经济（合作）区"城市政策转移

虽然"生态治理"在国内的实践和研究仍处于初始阶段，但国内也已经建立了数个"生态经济区"。如表1所示，将国内生态经济区国家战略进行了梳理。

如表1所示，沿着时间先后顺序，国内不同生态经济区规划过程中的城市政策流动较为显著，从宏观上主要体现在战略定位、主要指标和功能分区这三方面。战略定位方面，生态经济区政策从定位相对模糊走向精准定

位，例如，同是流域开发，侧重点从笼统的"生态经济示范区"走向"大湖流域综合开发示范区"再到"大湖流域生态文明建设试验区"，最后三峡生态经济合作区则定位为"绿色发展引领区"和"协调发展试验区"；主要指标也越来越明晰和准确，从黄河三角洲高效生态经济区对主要指标进行简单罗列尚无分类，逐步演化为指标的逐步细化，以生态指标、经济指标、民生指标等为标准，指标体系日渐完整。功能分区上，也体现出城市政策的转移，从黄河三角洲高效生态经济区的"保护区""保护带"，在鄱阳湖和洞庭湖生态经济区的"保护区""开发带""集约发展区"，再到三峡生态经济合作区的"经济带""农业示范区"和"文化旅游区"，功能分区更加多样化，针对性更强。

表1　　　　　　　　国内生态经济区战略政策转移比较

| | 黄河三角洲高效<br>生态经济区 | 鄱阳湖生态经济区 | 洞庭湖生态经济区 | 三峡生态<br>经济合作区 |
|---|---|---|---|---|
| 时间 | 2009 年 12 月 | 2010 年 2 月 | 2014 年 4 月 | 2016 年 3 月 |
| 战略定位 | 全国重要的高效生态经济示范区；全国重要的特色产业基地；全国重要的后备土地资源开发区；环渤海地区重要的经济增长区域 | 全国大湖流域综合开发示范区；长江中下游水生态安全保障区；加快中部崛起重要带动区；国际生态经济合作重要平台 | 全国大湖流域生态文明建设试验区；保障粮食安全的现代农业基地；"两型"引领的"四化"同步发展先行区；水陆联运的现代物流集散区；全国血吸虫病综合防治示范区 | 创新创业先行区；开放开发试验区；特色旅游名胜区；绿色发展引领区；协调发展示范区 |
| 主要指标 | 核心保护区面积；单位 GDP 能耗降低率；工业增加值用水量降低率；工业固体废弃物综合利用率；主要污染物排放总量降低率；城市污水集中处理率；森林覆盖率；农业灌溉水有效利用系数；城镇化率；城镇居民人均可支配收入；农民人均纯收入；总供水能力 | (1) 生态指标：鄱阳湖天然湿地面积；鄱阳湖水质；"五河"省控断面 3 类水质比重；森林覆盖率；单位地区生产总值能耗降低率；单位工业增加值用水量降低率；化学需氧量排放量减少率；二氧化硫排放量减少率；(2) 经济指标：城镇化率；(3) 民生指标：人均地区生产总值；城镇居民人均可支配收入；农村居民人均纯收入；居民期望寿命 | (1) 生态指标：湖区枯水期生态水域面积；水功能区水质达标率；森林覆盖率；县城以上生活垃圾无害化率；城镇污水集中处理率；万元地区生产总值用水量；化学需氧量排放总量；氨氮排放量；(2) 经济指标：城镇化率；粮食总产量；高标准农田面积；农作物耕种机械化水平；"三品一标"农产品认证比例；旅游业总收入；(3) 民生指标：城镇居民人均可支配收入；农村居民人均纯收入；农村自来水普及率；湖区居民血吸虫病感染率 | 仍在规划中 |

续表

| | 黄河三角洲高效生态经济区 | 鄱阳湖生态经济区 | 洞庭湖生态经济区 | 三峡生态经济合作区 |
|---|---|---|---|---|
| 时间 | 2009 年 12 月 | 2010 年 2 月 | 2014 年 4 月 | 2016 年 3 月 |
| 功能分区 | 核心保护区；自然保护区；水源地保护区；海岸线自然保护带 | 湖体核心保护区；滨湖控制开发带；高效集约发展区 | 湖体保护区；控制开发区；生态涵养带；集约开发区 | 沿江产业经济带；现代农业示范区；生态文化旅游区 |

资料来源：经过对上述生态经济区规划整理而成。

城市政策转移过程也体现出三方面特征：第一，城市政策转移的主体多为政府部门，并最终以上级政府审批立项作为城市政策启动的标志。推动国内生态经济区政策转移的媒介仍以专家学者建议和政府部门参与为主导模式，而新闻媒体则扮演了传播者的角色，较少考虑公众的意愿。第二，"生态经济区"城市政策转移也表现出从沿海向内地、从东向西的过程。黄河三角洲高效生态经济区是东部沿海地区，逐步向中西部方向传播。第三，"生态经济区"城市政策转移也参照了一些"城市群"建设的政策经验，是对地方性政策的再本土化过程。

（二）解域与再结域："宜昌试验"政策再设计

城市政策转移是城市政策设计的重要方式，但要促成真正意义上的城市政策流动绝不是简单复制和模仿。本文从城市流动政策的解域—再结域框架，渗透"主体消解""生成—动物""空间生产"之后，对"宜昌试验"政策进行了再设计。

1. "宜昌试验"现行政策概况

"宜昌试验"是推动"三峡生态经济合作区"国家战略的先行试验，宜昌城市区位特殊，是长江经济带上重要的港口城市，是三峡工程、葛洲坝工程的所在地，位于武汉城市圈和成渝城市群的辐射半径的间隙地带，具有良好的交通、水电能源、旅游资源优势。宜昌试验是生态治理的关键步骤，是保护长江生态环境和开发长江资源的重要举措，将在成功试点基础上逐步在合作区内推开。由此，"宜昌试验"的良好设计直接关乎三峡生态经济合作区战略的全面实施。

"宜昌试验"政策设计主要由政府部门、高校科研智库经过深度调研和论证后拟定。试验区按照"重点突破、两翼发展、点线带面"的思路推进，以长江北岸秭归县为起点，沿香溪河上溯至兴山，北接神农架林区，以秭归县屈原镇、兴山县南阳镇为重点突破，建设香溪生态人文走廊；以长江南岸宜都高坝洲镇、红花套镇为起点，沿清江上溯至点军区、长阳，以宜都市高坝洲镇、点军区土城乡、长阳土家族自治县高家堰镇为重点突破，建设清江生态人文走廊。将远安整体纳入作为生态公民建设试验区，并鼓励各地在非试点地区进行试验探索，在成功试点基础上进行推广。

"宜昌试验"首期试验以宜昌市的长阳、点军、宜都、兴山、秭归、远安为重点推进；二期扩展至神农架林区、恩施巴东县，十堰房县、竹山、竹溪；三期则以宜昌为中心，向西南沿清江拓展至湖南、重庆、贵州和湖北交界处，向西北推进至陕西、重庆和湖北交界处。

主要开展区域治理试验、生态守护试验、生态产业和资本化试验、生态公民试验。区域治理试验就是要开展跨边界区域治理，突破行政限制，推进各项政策的统一，探索区域发展的内部动力机制，建设特色生态小镇、规划 PPP 等；生态守护试验是要以自然和生态人文联系为基础，探索跨边界生态联合治理、国家公园治理、区域环境社会治理；生态产业和资本化试验，是要利用自然资源开展生态产业发展和资本化试验。生态公民试验，旨在培育公民生态守护意识。[26]

2. 解域："宜昌试验"城市政策的主体消解

虽然"宜昌试验"城市政策在设计和实施上具有较强的可行性和科学性，但是仍然没有超越城市政策流动的主体性特征，"以政府和专家智库"为主体的行为模式贯穿了政策的始终；又如实施"区域治理试验"，会通过建设特色生态小镇，规划 PPP、产业主题合作探索区域发展的内部动力模式；"生态公民试验"，培养生态消费者、生态工作者、企业生态公民、政府生态公民，但也背离了城市政策流动的新自由主义思想。

"宜昌试验"城市政策的主体消解，指的是超越传统主客体二分法的界限，在城市政策流动中以更为自由的态势去"顺化"生态和经济发展，政策应消解政府、专家智库与生态环境的对应关系，在一定时间范围内放慢实施节奏。勒纳在其《城市针灸》一书中提出，"城市规划行动不应过多强调效率，以便于不打破原有城市生活的连续性"。[27]主体消解的过程就是对城市政策的解域，也反映出中国古代"天人合一"的哲学理念。因此，本文提出几种针对"宜昌试验"主体消解的政策再设计建议。

第一，抛却主客体二元区分，以生态环境问题为导向。"宜昌试验"应抛开主体区分，不划分政府、专家智库、公众、生态环境之间的主客体关系，以当前区域生态环境中存在的问题为导向，抛却"人与自然"的区分，转化为"人和自然"的理念，正如习近平总书记2016年1月在重庆调研时强调"当前和今后相当长一个时期，要把修复长江生态环境摆在压倒性位置，共抓大保护，不搞大开发"。

第二，以科学理性为准绳，增强城市政策的"反政治"性。"宜昌试验"应弱化治理的"政治性"特征，强化科学理性，将生态环境修复作为根本性标杆，不以试验的成功与否作为政绩考核的标准，减少"宜昌试验"实施过程中的盲目性。

第三，在承认城市政策"互引"效应的同时，不将"宜昌试验"作为典范和模式进行推广。在城市政策推广过程中，削弱典范意识，增强对特定地方性生态问题的"对症下药"，现有政策中过度强调了"宜昌试验"的重要性，而忽略了"三峡生态经济合作区"并非处处具备"宜昌试验"的条件，其成功与否也不应成为后续其他区域开展生态治理的典范。城市政策流动中，适度放宽政策弹性更有助于契合实际问题。

3. 再结域："宜昌试验"城市政策的"生成—动物"和"空间生产"

"宜昌试验"城市政策中仍反映出较为明显的城市政策转移特征，如"重点突破、两翼发展、点线带面"等类似思路在中国城市或者城市群规划中较为常见，如表2所示，本文对"宜昌试验"布局中的的政策转移进行了简要回顾。

**表 2**　　　　　　　　　　"宜昌试验"布局中的城市转移现象

| "宜昌试验"政策要点 | 城市政策规划 | 出现年份 | 具体内容 |
|---|---|---|---|
| "重点突破、两翼发展、点线带面" | 重庆"一圈两翼"战略 | 2006 | 一圈以主城约 1 小时通勤距离为半径，两翼为三峡库区城镇群和渝东南城镇群 |
| | 皖江城市带"一轴双核两翼" | 2010 | 一轴为安庆、池州、铜陵、芜湖、马鞍山六个沿江市，双核为合肥、芜湖，两翼为滁州、宣城 |
| | 京津冀城市群"一体两翼" | 2010 | 以京-津-保-唐为主体，以东北和西南两侧城市为翼 |
| | 黔南州"一圈两翼"规划 | 2013 | 以都匀城市圈为中心，环贵阳城市圈和南部特色功能圈为两翼 |

资料来源：经过对上述生态经济区规划整理而成。

从表 2 中城市政策转移现象可知，"宜昌试验"政策设计仍具有较为浓厚的中国城市政策特征，而城市政策流动更应强调对现有城市政策"再结域"，跳出传统城市治理的思路，淡化"人"在生态治理中的支配性地位，从生态环境自身入手，才能创造出具有地方性特色的政策。具体而言，政策流动的再结域包括"生成—动物"和"空间生产"两个方面，以"宜昌试验"为本进行了再设计。

"宜昌试验"应扭转"工程"化的治理思路，原政策中计划实施三大生态治理工程，即生态综合守护工程、生态产业发展工程和生态公民建设工程，推进"生成—动物"的再结域思路关系。第一，在生态综合守护中，厘清系列和结构的关系。在系列上，既要了解生态系统中事物间的联系，也要充分发挥想象，发现事物之间的相似性，淡化"重点突破、两翼发展、点线带面"中的规划意识，强化对宜昌域现有生态环境问题的探索，将原政策规划中的类比转换为更具实效性的问题，并试图找出解决这些问题的方案，将"守护"的作用充分发挥；在结构上，找出具体生态问题的等价关系，如"a 对于 b，正如 c 对于 d 的关系"，发现生态问题中的等价关系，例如"鳃之于水下呼吸，就如肺之于空气中的呼吸"这种关系的挖掘，可以找出生态环境问题中的谱系关系，找出一些难题的多重分支和影响要素，并相应地制定对策。第二，在生态公民培育中，不应过分强调"生态消费者、生态工作者、企业生态公民、政府生态公民"的人员分类，就某一个生态公民而言，往往扮演着多重生态公民原有的角色分类，而应从生成的方向上进行思考，政策的传播性和方向性应向"生态意识"的弱势群体去铺开，并非让这些弱势群体去"进化"并获取"生态意识"，而是将其放在更广阔的领域中，使得生态意识存在差异的不同群体之间发生互动。

"宜昌试验"政策再设计的另一个关键是推进"空间生产"。原政策提出了试验"6＋N"布局，在远安县全域和宜都高坝洲镇、长阳高家堰镇、秭归屈原镇、兴山南阳镇、点军土城乡5个乡镇先行试点，二期扩展到神农架林区、恩施、十堰等地，三期以宜昌为中心，向西南和西北推广；按照"重点突破、两翼发展、点线带面"的布局推进，在长江南北两岸，分别规划建设清江和香溪两大生态人文走廊；生态产业发展工程中，要建设"特色生态小镇"，形成宜昌与乡村、外界之间的多层次多中心的联结，较好地落实了再结域中的"纹理化空间"的生产，但也存在一些尚待优化之处。第一，六个试点县镇与政策后期推广的市镇之间并不是真正的"根茎"关系，真正的"根茎"应是在试点县镇找出普遍性和适用性强的政策经验，以此作为推广区域政策流动的"根"，而二期推广后形成的政策经验也可能出现"断裂"和"分叉"，又进一步地成为政策再次流动的"根"，由此无限地向下生成；以此类推，"特色生态小镇"不能发展成为"千镇一面"的模式，均应在独特"生态"问题的基础上实现经济效益的扩大。第二，"平滑空间"向"纹理化空间"的转化有四种模型可供选择：（1）"音乐的模型"，就是将连续流变的自然生态环境中的变素，逐渐地固定、交错并排序，逐渐形起"旋律"，即"宜昌试验"建设南北的人文走廊应首先在自然环境的流变基础上展开，在面对和改造生态环境的变化时，保持与自然的和谐，淡化规划和设计，强化自然与和谐。（2）"海洋的模型"就是增强自然生态环境平滑空间的认知，既要促进平滑空间向纹理化空间的转化，又要在纹理化空间中创造出新的平滑空间。建设"特色生态小镇"，既要在现有小镇生态环境上设定一些符号性价值性的定位和概念，又要在建设过程中保护好现有的生态环境，让自然生态环境在"生态经济"中得以焕发新生，既要重视经济效益又要重视生态环境的保护和发展演变。（3）"数学的模型"，就是准确把握自然生态环境的多元性，宜昌试验开发的区域本身是去中心化和非度量的多元体，而人为设定的一些指标只是对这种多元的自然生态环境的一种纹理化描述，只能反映出生态环境的一些方面，因此，构建"宜昌试验"的具体项目实施中的科学化评价体系尤为关键，但必须认识到这只是对纹理化空间的一种反映。（4）"美学的模型"，自然生态环境与城市人文环境是相互包容的，区域治理试验、生态守护试验、生态产业和资本化试验都是站在"远距离"对城市生态环境的治理方式，而最为直接的接触仍然是自然生态环境，生态治理的方式应更具艺术性，从动态角度提升环境的友好性程度。

## 四、结论

生态治理应突破传统思维，重新塑造长期以来的"人与自然"的关系。本文以城市政策流动和德勒兹的生成理论为基础，构建了"城市政策流动的解域—再结域"框架，试图突破城市政策简单复制和转移的路径惯性，从"流动"的理念中抽取出"解域—再结域"的设计思路，对现行的"宜昌试验"政策优化提出了再设计的思考，提出了"主体消解"—"生成—动物"—"空间生产"的政策再设计思路，以期为"宜昌试验"的成功实施和后续生态治理城市政策的传播提供参考和借鉴。

## 参考文献

［1］McCann EJ. Expertise，truth，and urban policy mobilities：Global circuits of knowledge in the development of Vancouver，Canada's four pillar drug strategy. Environment and Planning A，2008，40（4）：885 – 904.

［2］尤金·麦肯，陈丁力. 城市政策转移与政策知识的全球性循环［J］. 城市观察，2013（6）.

［3］Theodore N，Peck J. Framing neoliberal urbanism：Translating 'commonsense' urban policy across the OECD zone. European Urban and Regional

Studies, 2012, 19 (1): 20 – 41.

[4] Clarke N. In what sense spaces of neoliberalism? The new localism, the new politics of scale, and town twinning. Political Geography, 2009, 28 (8): 496 – 507.

[5] Didier S, Morange M, Peyroux E. the Adaptative nature of neoliberalism at the local scale: Fifteen years of city improvement districts in Cape Town and Johannesburg. Antipode, 2013, 45 (1): 121 – 139.

[6] Clarke N. Urban policy mobility, anti – politics, and histories of the transnational municipal movement. Progress in Human Geography, 2011, 36 (1): 25 – 43.

[7] Bunnell T. Antecedent cities and inter – referencing effects: Learning from and extending beyond critiques of neoliberalisation. Urban Studies, 2015, 52 (11): 1983 – 2000.

[8] Peyroux E, Putz R, Glasze G. Business Improvement Districts (BIDs): the internationalization and contextualization of a "travelling concept". European Urban and Regional Studies, 2012, 19 (2): 111 – 120.

[9] Wood A. Moving policy: global and local characters circulating bus rapid transit through South African cities. Urban Geography, 2014, 35 (8): 1238 – 1254.

[10] Clarke N. Actually existing comparative urbanism: Limitation and cosmopolitanism in North – South interurban partnerships. Urban Geography, 2012, 33 (6): 796 – 815.

[11] Swanson K. Zero tolerance in Latin America: Punitive paradox in urban policy mobilities. Urban Geography, 2013, 34 (7): 972 – 988.

[12] Wood A. the Politics of Policy Circulation: Unpacking the Relationship Between South African and South American Cities in the Adoption of Bus Rapid Transit. Antipode, 2015, 47 (4): 1062 – 1079.

[13] Zapata Pa. Unexpected translations in urban policy mobility. the case of

the Acahualinca development programme in Managua, Nicaragua. Habitat International, 2015, 46 (271 – 276).

[14] Crivello S. Urban Policy Mobilities: The Case of Turin as a Smart City. European Planning Studies, 2014, 23 (5): 909 – 921.

[15] Robinson J. "Arriving At" Urban Policies: The Topological Spaces of Urban Policy Mobility. International Journal of Urban and Regional Research, 2015, 39 (4): 831 – 834.

[16] Kennedy SM. Urban policy mobilies, argumentation and the case of the model city. Urban Geography, 2016, 37 (1): 96 – 116.

[17] McCann E. Urban policy mobilities and global circuits of knowledge: Toward a research agenda. Annals of the Association of American Geographers, 2010, 101 (1): 107 – 130.

[18] Moore S, Rydin Y, Garcia B. Sustainable city education: The pedagogical challenge of mobile knowledge and situated learning. Area, 2015, 47 (2): 141 – 149.

[19] Barber L. (Re) Making heritage policy in Hong Kong: A relational politics of global knowledge and local innovation. Urban Studies, 2013, 51 (6): 1179 – 1195.

[20] Michel B. A global solution to local urban crises? Comparing discourses on Business Improvement Districts in Cape Town and Hamburg. Urban Geography, 2013, 34 (7): 1011 – 1030.

[21] Vento AT. Santiago Calatrava and the 'Power of Faith': Global Imaginaries in Valencia. International Journal of Urban & Regional Research, 2015, 39 (3): 550 – 567.

[22] Oancǎ A. Europe is not elsewhere: The mobilization of an immobile policy in the lobbying by Perm (Russia) for the European Capital of Culture title. European Urban and Regional Studies, 2015, 22 (2): 179 – 190.

[23] 德勒兹. 资本主义与精神分裂: 千高原第 2 卷 [M]. 上海: 上

海书店，2013.

　　[24] 邰蓓. 德勒兹生成思想研究 [D]. 北京：北京外国语大学，2014.

　　[25] 庄鹏涛. 主体化的四种褶皱——德勒兹论福柯后期的主体思想 [J]. 福建论坛（人文社会科学版），2015（4）.

　　[26] 郑广华. 打造"宜昌试验"样本 守护三峡生态安全 [N]. 三峡日报，2016 – 05 – 27.

　　[27] Lerner J. Urban Acupuncture. Island Press，2014.

# 我国社会组织政策工具的类型与特点

◎张远凤　许　刚　张君琰

中南财经政法大学公共管理学院，湖北武汉，430073

**摘　要：** 近年来，社会组织参与社会治理成为推动社会建设的重要力量。我国社会组织自改革开放以来的长足发展也引起了学者对管理社会组织的政策工具的研究。本文基于文献研究与梳理，结合我国政府管理社会组织的特点，按照政府工具的功能将社会组织政策工具分为组织合法性的工具、空间扩展类工具、资源和便利类工具、内部治理和能力建设类工具和其他类工具。并在此基础上分析我国社会组织政策所具有的阶段性、行政性和选择性等特点。政府及其使用的政策工具和社会组织自身在我国现代社会组织制度的建设中仍有许多改进和值得探讨的地方。

**关键词：** 社会组织　政策工具　类型

## 一、问题的提出

所谓政策工具，又称为政府工具或治理工具，是政府用来达成政策目标的手段（Salamon，2002）。20世纪70年代以来，非营利组织在各个国家迅速发展，成为政府管理公共事务的助手和伙伴，这种政府与私人部门合作解决公共问题的新治理范式不仅改变了传统的公共行政理论，而且掀起了一场政策工具的"技术革命"（萨拉蒙，2016）。在传统公共行政范式中，政府与非营利部门是两个相互独立的部门，政府对非营利部门主要行使法律规制职能。而在新治理范式中，政府在"规制者"角色之外增加了"支持者"与"合作者"角色。政策工具的"技术革命"正是由扮演新角色的需要而引发的。

20 世纪 80 年代以来，政策工具研究成为公共管理研究领域的一个新学科。民营化的代表性人物萨瓦斯（2002）提出了建立公私伙伴关系的 36 种工具，称为"箭袋里的箭"。不过，这些工具并不是特别针对政府与非营利部门的合作而设计的。萨拉蒙的《政府工具——新治理指南》提出比较完整的政府工具分析框架，并且他长期从事非营利部门研究，较为全面地讨论了与非营利部门有关的政府工具。

改革开放以来，我国民间结社权利逐步得到政府的认可和保护，社会服务领域逐渐向社会力量开放，社会组织取得了长足发展。尽管政府也开始采取与市场经济规律相适应的政策工具来管理社会组织，但是目前使用的很多政策工具仍然沿袭着计划经济的思维，使得社会组织行政化色彩浓厚，既不利于社会组织的健康发展，也不利于建立良好的政社关系。

近年来，我国非营利组织领域的研究者开始认识到政策工具的重要性，并对政府培育社会组织的政策工具进行初步分类研究。王世强（2012）将政府培育社会组织的政策工具分为基础型、分配型、市场化和引导性工具四种类型。陈晓玲和沈费伟（2014）将其分为强制性政策工具、财政支持工具、信息化工具和社会化工具，车峰则主张分为基础性工具、直接性工具、市场化工具和社会化工具四种类型。这些研究至少有两点不足之处：第一，它们偏重于政府培育社会组织的政策工具，而没有包括规制工具。我国的社会组织政策是培育和控制并重的，与发达国家相比，我国政府更为重视对社会组织的控制和监管。因此，全面分析我国社会组织政策工具必须包括这两个方面的政策工具。第二，这些研究主要是静态分析。我国是一个快速转型中的国家，社会组织政策变化很快，必须以历史的动态的视角进行分析，否则难以解释这些工具的特点和形成原因。

本文将对我国社会组织政策工具进行全面的梳理和分类，按照社会组织发展历程和政策形成过程进行分析，归纳我国现行社会组织政策工具的基本特点并进行解释。

## 二、社会组织政策工具的一般类型

迄今为止，研究者并未就政策工具的概念和分类达成共识，社会组织政策工具研究也是如此。目前最有影响的是萨拉蒙在《政府工具》一书中提出的新治理范式下美国政府使用的 14 种政策工具。萨拉蒙考虑了每种工具的操作程序、必备技能和供给机制，却并没有简单地依据某个特征对政府工具进行分类，而只是列出了常用政府工具的名称（见表 1）。

表 1　　　　　　　　　　新治理时代美国政府常用的工具

| 工具名称 | 定义和举例 |
| --- | --- |
| 直接政府 | 通过政府公务员来提供或者取消物品与服务的供给。比如政府直接支付给个人的款项、直接军事服务等 |
| 政府公司和政府支持公司 | 政府公司是一个政府机构，由政府拥有和管理，在法律上是一个独立法人实体。比如美国邮政、政府国民抵押贷款协会（吉利美） |
| | 政府支持公司是政府特许的、私人拥有和管理的公司。比如联邦国民抵押贷款公司（房利美） |
| 经济规制 | 经济规制是一项特殊的官方程序，用以控制价格、产出以及一个行业中公司的进入和退出，确保市场竞争，避免给消费者和其他人造成损害。比如政府给垄断公用事业设定价格上限和其他运营规定 |
| 社会规制 | 社会规制旨在限制直接危害公共卫生、安全、公众福利或社会福祉的行为。比如清洁空气法、美国残疾人法、公平住房法等 |
| 政府保险 | 是政府补偿个体或组织由于特定事件造成的损失的工具。符合条件的受保人通常需要强制缴纳保险费。如联邦存款保险、养老金福利担保 |
| 公共信息 | 政策制定者通过向目标受众传达政策内容或者行为规范，从而影响人们对特定行为的认知和观念。比如各种信息披露和标签要求 |
| 矫正税费及可交易许可证 | 这类政策利用价格机制和其他市场机制对个人产生经济激励，从而改变人们的行为，达到减少社会危害或保护某种利益的目的。如酒精税、环保税费、排污权交易等 |

| 工具名称 | 定义和举例 |
| --- | --- |
| 合同承包 | 是政府与私人机构（企业或非营利组织）之间的契约，私人机构承诺向政府机构或政府指定的机构提供特定产品或服务，由政府机构支付费用。主要是指政府购买自己所用的服务 |
| 购买服务合同 | 是美国公共服务的主要方式，政府与私人机构（企业和非营利组织）签订合同，由后者向具有资格的群体提供公共服务。比如就业培训合同，老年日间照顾服务合同，寄养服务合同等 |
| 拨款 | 政府作为出资方给予组织（一般是公共或非营利组织）或个人的资助，提供服务的责任由政府或政府与非营利组织共同承担。如学校午餐项目拨款，母亲和幼儿营养计划拨款等 |
| 贷款与贷款担保 | 政府通过直接贷款及贷款担保工具提供贷款，是一种鼓励向购房者或购房行为提供资助的方式。如联邦学生贷款项目 |
| 税收支出 | 联邦税法中的一些条款而带来的政府税收收入减少。比如税法对非营利组织税收优惠 |
| 凭券 | 是一种补贴，政府给予个人受限制的购买力以旋转限定范围内的产品或服务。比如食品券和住房券 |
| 侵权责任 | 是为自然人或实体因其他自然人或实体的过失或不当行为造成的伤害寻求赔偿或强制救济的权利而设立的。侵权法是分散的、由私人发起并管理的政策工具 |

资料来源：萨拉蒙. 政府工具——新治理指南 [M]. 肖娜等译. 北京：北京大学出版社，2016.

这些工具的使用主体是政府，使用对象包括政府、企业、非营利组织，乃至个人。除了直接政府、政府保险、矫正税费和许可证交易以及侵权责任等政策工具与非营利组织没有直接关系之外，其他政策工具与非营利组织直接相关，这些手段往往也适用于企业。

尽管很多工具兼具规制与支持的特点，还是可以将这些工具大致分为以规制为主的工具和以支持为主的工具。

以规制为主的工具包括政府公司和政府支持性公司、经济规制、社会规制、公共信息等。非营利领域也有类似于政府公司和政府支持性公司的机构，如公立大学和公立医院都是政府创办的。经济规制用以控制准入、价格和产出，确保市场竞争。发达国家社会组织准入控制较松甚至没有准入控制，登记注册一般比较容易。社会规制方面包括政府对社会服务型非营利组织的设施、环境以及从业人员背景方面的法律规制。公共信息主要是对非营利组织的信息披露要求等方面的规制。

税收支出、合同承包、购买服务合同、拨款、凭券等可以视为以资助和支持为主的政策工具。各国税法都规定了对非营利组织的税收优惠。合同承包主要是指政府向企业或非营利组织购买自己所用的服务。购买服务合同是指政府向企业或非营利组织购买公共服务，比如就业培训合同、老年日间照顾服务合同和寄养服务合同等。购买服务合同已经成为很多国家提供公共服务的普遍方式。拨款是某个政府机构给予其他政府机构、非营利组织或个人的资助，如学校午餐项目拨款、母亲和幼儿营养计划拨款等。美国所有联邦政府部门和机构都给州和地方政府拨款，健康和人类服务部是最大的拨款机构（Beam 和 Conlan，2002）。凭券尽管是政府给予个人的一种补贴，但产品或服务的提供者可能是非营利组织。

这些工具充分体现了市场经济思维和法治理念。经济规制、社会规制和公共信息等以规制为主的政策工具体现了对市场秩序和公平竞争的维护，政府购买服务合同和凭券等支持性工具也鼓励非营利组织与企业之间的竞争。同时，支持性工具往往也有规制功能。比如税收支出，既是对非营利组织的减负手段，也是以每年对免税资格的审查方式实现对非营利组织的规制。再比如购买服务合同，不论政府合同资金占收入来源的多大比例，整个非营利组织都必须要遵守政府的各种规制要求。通过这种方式，传统上独立于政府的社会服务机构如今都纳入了政府规制的范畴（张远凤，2015）。

这些工具对政府和非营利部门产生了深远的影响。首先是政府角色发生转变。一方面，政府作为规制者通过经济规制、社会规制、侵权责任等工具，为非营利组织登记注册、开展活动和有序竞争提供了良好的法律环境；另一方面，政府作为公共资源分配者和公共服务提供者，通过税收优惠、拨款、购买服务合同和凭单等资助工具，为非营利部门提供了大力支持，促进了非营利部门的发展。其次是政府与非营利组织的关系发生改变。

比如在政府购买服务合同中，政府与非营利组织之间不是官僚体系内部的上下级关系，而是平等主体之间的契约关系。政府不能如以前一样，在行政体系内部通过等级制度特有的计划、命令、指挥、控制等办法开展工作，而是通过赋权、协商、说服等方式开展工作。最后，这些工具极大地改变了非营利部门的面貌。政府通过各种工具渗透了非营利部门的方方面面，一方面，政府官员可以作为公共利益代表成为非营利组织的董事会成员；另一方面，政府还可依法对非营利董事会的结构、高层管理人员的薪酬、经营场所、从业人员、关联交易、免税资格、绩效标准等进行规制。非营利部门在获得资源的同时，部分失去了原有的独立性，有的甚至蜕变为"基层官僚机构"。

### 三、我国的社会组织政策工具分类

我国政府管理社会组织的政策工具是改革开放以来逐步发展起来的，政府干预的范围要比发达国家要广泛得多，使用的手段也与美国等西方国家有很大不同。本文按照政府工具的功能将其分为五大类，如表 2 所示。

表 2               我国社会组织政策工具分类

| 功能 | 工具 | 定义和举例 |
|---|---|---|
| 组织合法性 | 官办社会组织 | 定义：政府创办或由政府机构改组成为社会组织，以及党政部门或个人支持创办社会组织<br>举例：科协支持本系统的各级专门学会恢复活动；政法委创办见义勇为基金会；原机械工业行业管理部门改组为中国机械工业联合会 |
| | 登记管理 | 定义：双重登记管理体制的建立及其改革<br>举例：基金会的双重登记管理体制；《国务院机构改革和职能转变方案》（2013）取消四类社会组织登记中业务主管单位要求；《境外非政府组织管理法》（2016）规定境外非政府组织在中国境内活动必须双重登记 |
| | 清理整顿 | 定义：为了加强社会组织统一登记管理、打击非法营利活动或政治活动而以行政手段实施的专项集中整治行动<br>举例：20 世纪 90 年代对社会团体两次清理整顿；取缔"法轮功"组织 |

续表

| 功能 | 工具 | 定义和举例 |
|---|---|---|
| 空间扩展类工具 | 政府转移职能 | 定义：政府转移职能，赋权于行业组织<br>举例：《温州市政府职能向社会组织转移目录》（2014） |
| | 行业准入 | 定义：政府开放教育、医疗、社会服务等领域，社会力量准入<br>举例：《民办教育促进法》（2002），《医疗机构管理条例》（1994）放开教育、医疗领域准入 |
| | 破除行业垄断 | 定义：破除在一定行政区域内一个行业只能举办一家社会组织或者某类社会组织开展筹款等活动的垄断权<br>举例：2013《国务院机构改革与职能调整方案》破除行业协会"一业一会"垄断；《慈善法》（2015）破除基金会公募垄断权 |
| 资源和便利类工具 | 土地优惠 | 定义：政府对社会组织提供的土地划拨和土地税费减免<br>举例：《民办教育促进法》规定新建、扩建民办学校，人民政府应当按照公益事业用地及建设的有关规定给予优惠 |
| | 资源共享 | 定义：业务主管单位或其他政府机构与社会组织共享人员、设施和办公场所。举例：各地青基会与当地共青团共享人员和办公场所 |
| | 税收优惠 | 定义：政府对社会组织和公益事业捐赠人提供税收减免<br>举例：我国《税法》规定，符合条件的非营利组织的收入（不包括营利性收入）属于免税收入，免予征收所得税 |
| | 政府资助 | 定义：政府通过补贴、拨款、购买服务等方式向社会组织提供的资助<br>举例：武汉市政府向社会组织购买社工服务 |
| 内部治理和能力建设类工具 | 指导自治 | 定义：政府机构指导社会组织制定章程、建立理事会和民主决策等<br>举例：民政部为社会组织提供章程示范文本；各地民政部门指导社会组织建立理事会等 |
| | 能力建设 | 定义：政府协助社会组织提升组织领导和运作管理能力<br>举例：地方政府对社会组织领导人提供培训 |
| 其他工具 | 公共信息 | 定义：政府通过向公众传达政策或者行为规范等信息，从而影响人们对特定行为的认知和观念<br>举例：民政部于 2016 年 5 月公布山寨、离岸社团名单 |
| | 检查评估 | 定义：社会组织年度检查、评估和执法<br>举例：社会组织年检；各地民政部门按照 2010 年民政部《社会组织评估管理办法》规定对社会组织进行评估 |

第一类是提供社会组织合法性的工具。社会组织的合法性是指社会组织被政府和公众认可，获得合法身份。提供合法性的政策工具包括赋予社会组织合法性的工具和终止其合法性的工具，具体分为三种：官办社会组织，登记管理和清理整顿。

官办社会组织是指党政机关和群团组织创办的社会组织。例如，几乎各个党政部门都有附属的社团组织。在 20 世纪 80 年代，我国社会组织法律框架尚未建立，在各级党政部门、人民团体以及领导人的支持下成立了 200 多家基金会（王名和孙伟林，2009；王名，2008：18）。20 世纪 90 年代，原来的政府行业主管部门"翻牌"成为行业协会。21 世纪以来，一些社区组织实际上也是政府创办的。

《社会团体登记管理条例》《民办非企业单位登记管理暂行条例》以及《基金会管理条例》（以下简称"三大条例"）确立了我国社会组织双重登记管理体制。这个体制一开始就具有鼓励和限制社会组织发展的双重特性。一方面，双重管理体制是一个进步，它将早期分散的党政部门管理和领导人个人庇护统一起来，上升为行政法规，使得社会组织可以通过法定程序而不是依靠某个部门或领导人的意志获得合法身份；另一方面，双重管理体制将很多草根社会组织拒之门外，使它们难以获得合法身份。因此，几乎在双重管理体制形成的同时，较高的登记门槛也随之而来，直到 2013 年国务院正式明确四类社会组织直接向民政部门登记，部分地方终止了双重登记管理制度。

"清理整顿"是中国特色的政策工具，"清理"是将不合条件的社会组织清理出去，"整顿"是社会组织管理规范化。典型例子是 20 世纪 90 年代进行的两次清理整顿。第一次从 1990 年到 1991 年，目的是努力在政治上消除此前政治风波带来的自由化倾向，在行政管理上加强了社会组织的统一登记管理。第二次从 1997 年到 1999 年，主要目的是将民办非企业单位和社会团体、基金会一并纳入统一的登记管理体系（王名，2008）。

第二类是扩大社会组织发展空间的政府工具。扩大空间类工具是我国作为转型国家特有的政策工具，主要有政府转移职能、放松行业准入和破除行业垄断三类工具。社会组织获得合法身份，只是获得了生存权，要成长壮大还需要拓宽发展空间。

随着市场经济体制改革和政府行政管理体制的深化，政府在转变职能的过程中，逐渐给社会组织让渡一些空间。在温州等发达地区，政府将行业协调职能转移给行业组织，扩大了行业组织的空间和功能（郁建兴，2008）。

20 世纪 90 年代以来，由于公共服务需求与供给的矛盾日益突出，政府开始鼓励社会力量进入原来由政府机构和事业单位垄断的教育、医疗和养老等服务领域，民办非企业单位已经成为这些领域不可忽视的重要力量。近年来，社会救助、儿童服务等领域也陆续开始向社会力量开放。

"三大条例"规定了社会组织在各自领域的垄断地位。近年来，这种垄断格局逐渐被打破。很多地方已经打破了行业协会"一业一会"的规定，《慈善法》的实施将打破公募基金会的公募垄断权，而民办非企业单位的垄断权本来没有认真实施过。放松准入和破除垄断都属于经济规制手段。

第三类是为社会组织提供资源和其他便利的政府工具。为社会组织提供资助是世界各国普遍采用的手段。我国政府除了其他国家常见的税收优惠、补助和购买服务等工具之外，还向社会组织提供土地优惠以及办公场所等便利。

我国政府对社会组织的税收优惠包括对社会组织本身及其捐赠者的税收待遇。社会组织享受减免税待遇包括所得税、流转税、财产税、行为税、耕地占用税、契税、关税等。企业和个人捐赠者则可以享受一定额度的所得税税前扣除优惠。

我国政府对社会组织的补助主要采取拨款和补贴的方式（周旭亮和张丽辉，2009）。项目经费是一种较新的方式，也是未来发展趋势，近年来很多地方的公益创投活动就采取了项目经费的形式（张宝娟，2013）。

政府向社会组织购买公共服务也日益普遍，很多城市政府购买服务的规模已经达到几十亿元。政府尤其是业务主管单位向社会组织提供办公场所和设施建议的情况也很普遍。此外，政府还通过行政手段帮助官方背景的社会组织筹资（徐宇珊，2009）。

第四类是指导内部治理和能力建设的政策工具。与发达国家政府不直接干预社会组织的内部治理不同，我国政府采取了多种措施来推动社会组织的内部治理和能力建设。社会组织的内部治理是以章程为依据的。民政部颁布了《社会团体章程示范文本》《民办非企业单位章程示范文本》和《基金会章程示范文本》分别为三类社会组织建章立制提供指引。一些民政部门甚至亲临现场指导社会组织理事会的换届选举等工作。由于大部分社会组织规模小、人手少、能力不足，很多地方的政府部门为社会组织提供了培训服务。比如江苏省定期对社会组织专职工作人员进行培训，实行持证上岗制度（张宝娟，2013）。

第五类是其他工具。除了上述政策工具之外，我国政府还采取了公共信息、评估与社会组织孵化器等工具。公共信息是解决社会组织与公众之间信息不对称问题的有效工具。比如，民政部于2016年5月在网站公布山寨社团和离岸社团的信息，各地方政府每年在当地媒体发布社会组织年检信息等。政府主导的评估是一种引导社会组织规范发展的政策工具。2010年，民政部发布了《社会组织评估管理办法》，启动了社会组织评估工作。上海、广州和南京等地还创办社会组织孵化器，为初创型社会组织提供服务，促进其成长和发育（黄健元和谭珊珊，2011）。

### 四、我国社会组织政策工具的特点

从上述分析来看，我国政府已经逐渐建立起从社会组织合法性、准入到内部治理和评估的一系列政府工具。这些政策工具表现出阶段性、行政性、选择性和矛盾性等特点，使用过程中还存在覆盖面窄、支持力度不足的问题。

其一是我国社会组织政策工具呈现明显的阶段性，先是行政手段为主，然后更多依靠法律手段和经济手段。改革开放初期和几乎整个80年代，由于社会组织法律体系尚未建立，政府主要采取行政手段支持创办了一批社会团体和基金会。在20世纪90年代，通过了两次政治运动式的清理整顿将社会组织纳入了统一登记管理体系，建立起社会组织管理的法律手段。进入 21 世纪以来，政府开始使用经济手段如税收优惠和购买服务来支持社会组织发展。

其二是我国社会组织政策工具具有鲜明的行政性，是中国特色政社关系的体现。很多业务主管单位将其主管的社会组织视为自己的下级单位，直接干预其人事、资金、项目等决策，业务主管单位的领导干部在社会组织兼职也是普遍现象。一些官办基金会往往还依靠部门的行政力量搞变相摊派筹集资金的活动（山西省葵花公益基金会，2014）。

其三是政府工具的选择性，其实就是对社会组织实行区别对待。这个特点主要表现在两个方面：一是分类管理，重点发展与经济、公共服务紧密相关的社会组织，而对其他类型的组织保持放养甚至抑制态势。如《国务院机构改革和职能转变方案》明确指出"考虑到政治法律类、宗教类等社会组织以及境外非政府组织在华代表机构的情况比较复杂，成立这些社会组织，在申请登记前，仍需要经业务主管单位审查同意"。二是在资源分配上，与政府关系越密切的社会组织得到的资源越多。与发达国家政府主要支持服务型非营利组织不同，我国政府对社会团体和公募基金会的支持超过对民非的支持，因为前者与政府关系更为密切。

其四是政府工具的矛盾性，这是由于政策本身不一致造成的。例如，《国务院机构调整和职能转变方案》规定四类社会组织直接登记，这与"三大条例"规定的双重管理体制相存在冲突。为了解决这个问题，地方政府采取了替代性工具。比如，北京市赋予群团组织以"枢纽型组织"地位，由其代行原来业务主管单位职能（田凯，2016）。再比如，《民办教育促进法》对民办教育投资者取得合理回报的规定与"三大条例"对社会组织非营利性的规定明显不一致，地方政府在支持民办教育机构时难以确定谁是符合条件的资助对象，也难以对违反非营利性规定的机构进行执法。

除了上述特点之外，政策工具在实际使用过程中存在覆盖面窄、支持力度弱的问题。很多普惠性政策工具并没有落实到所有社会组织。例如，2012 年底，上海市享有免税资格的社会组织共有 651 家，仅占全市社会组织总数的 6%（上海市发展改革研究院课题组，2014）。我国政府对社会组织的支持力度不仅远远落后于发达国家，甚至与发展中国家相比也有差距。在发达国家，非营利组织收入来源中政府资助占到 40% 以上，在发展中国家，这一比例平均也达到 22%（萨拉蒙，2007），而我国社会组织的收入只有 9.8% 来源于政府（邓国胜，2010）。

## 五、结论与讨论

发达国家的政策工具充分运用了市场机制，在建立公私伙伴关系的同时，仍然保持政府与非营利组织的相对独立，维护非营利组织内部自治。而我国社会组织政策工具是具有中国特色的政策工具，两国政策工具依赖的环境不同。

其一，我国社会组织的生长路径决定了政社关系的差序格局，同时极大地阻碍了公共服务领域市场竞争机制的形成。政府在实施支持性政策的过程中要对符合条件的社会组织同等支持，以确保社会组织之间的公平竞争，保证服务对象平等获得服务的权利，改变政社关系的"差序格局"，让这些公共服务供给主体实现公平竞争，最终由市场机制来主导公共服务资源的配置。长期以来，我们把政府与社会组织的关系看作相互对立的关系。一方面，政府逐步放开社会领域，鼓励社会组织发展；另一方面，为了维护社会稳定，政策又对社会组织采取了控制和干预措施。因为现代社会组织制度是一种舶来的制度，我国民间既缺乏非营利组织的观念，也不熟悉其内部治理机制，政府不得不在一定程度上以家长式的行政手段来推动社会组织发展。

其二，社会组织没有严格遵守非营利性原则。很多社会组织实际上是营利性机构。以民办教育为例，《民办教育促进法》和《民办教育促进法实施条例》将民办教育出资人分为"要求取得合理回报的"和"不要求取得合理回报的"两种类型。实际情况却是，极少民办学校的举办者和出资人明确要求合理回报，他们大多通过隐蔽手段不同程度地进行营利活动。这种现象不仅使政府难以精准支持非营利性社会组织，而且也给中国社会组织的国际声誉带来了负面影响。非营利性既是社会组织的根本性特征，也是现代非营利组织制度大厦的基石，如果不坚守这个底线，我们将无法建立起真正意义上的现代社会组织制度。

其三，工具背后的"政治经济学"。比如说，近年来很多地方政府向社会组织购买社区养老服务时只考虑了购买过程，而对牵扯其中的价值问题并未厘清。比如，谁应当参与购买服务决策过程？为什么购买养老服务而不是其他服务？为什么优先考虑老年群体而不是其他群体等。这些问题涉及复杂的政治博弈和法律程序，远远超出了购买服务合同管理的范畴。

## 参考文献

[1] Salamon L. , Partners in Public Service：Government and the Nonprofit Sector in the Modern Welfare State. Baltimore：The Johns Hopkins University Press，1995.

[2] Salamon L. , America's Nonprofit Sector（3nd Edition），Foundation Center，2012.

[3] 莱斯特·萨拉蒙等. 全球公民社会：非营利部门国际指数 [M]. 陈一梅译. 北京：北京大学出版社，2007.

[4] 莱斯特·萨拉蒙等. 政府工具——新治理指南 [M]. 肖娜等译. 北京：北京大学出版社，2016.

[5] 国家卫生和计划生育委员会. 卫生和计划生育统计年鉴 2014 [M]. 北京：北京人民教育出版社，2014.

[6] 黄健元，谭珊珊. 江苏省民办养老机构发展现状、困境及出路 [J]. 西北人口，2011（6）.

[7] 李玉娟. 我国非营利组织税收优惠制度的最新发展及存在的问题 [J]. 西南政法大学学报，2011（2）.

[8] 刘培峰. 扩展中的公民结社权. 王名主编. 中国民间组织 30 年——走向公民社会（1978—2008） [M]. 北京：社会科学文献出版社，2008.

［9］迈克尔·爱德华兹.公民社会［J］.陈一梅译.中国非营利评论，2008（2）.

［10］米红，李小娃.公益性：民办高校发展的现实关照——兼论高等教育的产业属性［J］.山西大学学报，2009（3）.

［11］民政部.2014年民政部中国社会事业发展统计公报［R］.

［12］山西省葵花公益基金会.政府视角看非公募基金会政策扶植鼓励［OL］.基金会中心网，http：//news.foundationcenter.org.cn/html/2014 - 11/88092.html.

［13］田凯.发展与控制之间：中国政府部门管理社会组织的策略变革［J］.河北学刊，2016（2）.

［14］王留栓.世界私立高等教育发展模式及其对中国的启示［J］.浙江树人大学学报，2005（3）.

［15］王名，孙伟林.我国社会组织发展的趋势与特点［J］.中国非营利评论，2009（5）.

［16］王名.中国民间组织30年——走向公民社会（1978—2008）［M］.北京：社会科学文献出版社，2008.

［17］吴华，胡威.公共财政为什么要资助民办教育［J］.北京大学教育评论，2012（4）.

［18］徐宇珊.非对称性依赖：中国基金会与政府关系研究［J］.公共管理学报，2008（1）.

［19］徐宇珊.政府对社区基金会不能拔苗助长［N］.中国青年报，2015 - 06 - 17.

［20］郁建兴.在参与中成长的中国公民社会［M］.杭州：浙江大学出版社，2008.

［21］张宝娟.公益性社会组织培育发展研究——基于江苏省的实证分析［J］.社团管理研究，2012（3）.

［22］中华人民共和国教育部.中国教育统计年鉴2014［M］.北京：人民教育出版社，2014.

［23］周旭亮，张丽辉 . 我国政府对非营利组织的财政扶持［J］. 商业研究，2009（9）.

［24］张劲松 . 政社关系的时代困境与协同途径［J］. 人民论坛，2014（2）.

［25］王世强 . 政府培育社会组织政策工具分类与选择［J］. 学习与实践，2012（12）.

［26］陈晓玲，沈费伟 . 社会组织管理的政策工具——以广东省深圳市为例［J］. 辽宁行政学院学报，2014（1）.

［27］车峰 . 培育社会组织的政策工具研究——以北京市为例［J］. 吉林工商学院学报，2015（4）.

［28］张远凤 . Lester Salamon，Megan Haddock，政府工具对美国非营利组织的影响——以 MFN，BCC 和 DCCK 为例［J］. 中国非营利评论，2015（1）.

# 医药卫生改革体制创新研究

◎黄明安　帅李娜

湖北中医药大学管理学院、中医药发展研究中心，湖北武汉，430065

**摘　要**：本文从理论与现实的结合上，阐述了医药卫生改革体制创新的研究背景、研究意义，分析了医药卫生体制改革的现状与存在的问题和原因，根据改革的动因与目标重点论述了医药卫生改革体制创新的对策，对从事有关工作的人员均有一定参考价值。

**关键词**：医药卫生改革　体制创新　研究

## 一、研究背景

医药卫生事业关系到人民群众的身体健康与家庭幸福，自然就成为社会高度关注的热点，医疗卫生服务则是衡量经济发展水平、政府管理能力、党风政风建设、社会和谐与公平的重要尺度。改革开放以来，我国医疗卫生事业取得了举世瞩目的成就，覆盖城乡的卫生服务网络已初步形成，人民健康水平显著提高。然而，随着社会主义市场经济体制的确立与发展，长期以来，我国实行的与计划经济体制相适应的医疗卫生体制已不能满足经济社会的发展与人民群众对医疗保障的需要。在医疗卫生体制的改革进程中显现出诸多不尽如人意的问题，如医疗卫生公平性下降、卫生投入宏观效率下降、群众"看病难,看病贵"现象层出不穷等。若这些问题不解决,势必会降低人民群众对党和政府的信任度,并且不利于经济发展与和谐社会的建设。

## 二、研究意义

首先应明确什么是体制与卫生体制。按照《辞海》的解释,"体制"是指国家机关和企事业单位在机构设置、领导隶属关系和管理权限划分等方面的体系、制度、方法、形式等的总称;[1]卫生体制,根据世界卫生组织的界定,提供健康行动的这些机构、人员、体系都属于卫生体制,所以它是一个非常大的范畴。目前,医疗体制应该包括三个方面的内容:第一个方面是医疗保障制度,如医疗保险、医疗救助体系;第二个方面是医疗服务提供体系,它包括像疾病的预防、健康教育、医院或者是诊所这样的服务体系;第三个方面是医疗服务的监管体系。[2]

根据《中共中央国务院关于深化医药卫生体制改革的意见》(中发〔2009〕6 号,以下简称《意见》),2009—2011 年重点抓好五项改革:一是加快推进基本医疗保障制度建设,二是初步建立国家基本药物制度,三是健全基层医疗卫生服务体系,四是促进基本公共卫生服务逐步均等化,五是推进公立医院改革试点。第一次提出建立覆盖城乡居民的基本医疗保障体系,也就是全民医保;坚持预防为主的方针,把公共卫生服务体系与医疗服务、医疗保障、药品供应保障体系并列,作为构成基本医疗卫生制度的四大体系予以加强,第一次提出基本公共卫生服务均等化的目标,缩小城乡居民基本公共卫生服务的差距;第一次提出初步建立国家基本药物制度,整顿治理药品生产供应保障体系,规范用药行为,降低药品价格和患者医药费用;着力加强基层医疗卫生服务体系建设,使广大城乡群众不出乡村、社区就能得到比较好的基本医疗卫生服务。[3]

当前医疗改革已经进入深水区,触及的深层次矛盾和问题越来越多,难度越来越大。人民群众对医疗改革的期盼越来越高,医疗改革对经济社会的影响也越来越广泛。面对新的形势和要求,我们必须从全局和战略高度出发，充分认识深化医疗改革的重大意义。

（一）继续深化医疗改革是实现全面建成小康社会宏伟目标的内在要求

健康是人全面发展的基础，没有全民的健康就没有全面的小康。新中国成立以来特别是新一轮医疗改革启动实施后，我国人民群众健康水平有了很大的提高。但随着经济社会进入新的发展阶段，一方面，城乡居民健康需求不断提升，并呈现多层次、多元化特点；另一方面，疾病谱变化、医药技术创新、重大传染病防控，以及意外伤害、食品安全等各类危险因素交织叠加。这些都加剧了卫生资源供给约束与卫生需求日益增长之间的矛盾。只有加快改革，健全基本医疗卫生制度，才能逐步解决面临的问题和挑战，确保到 2020 年人人享有基本医疗卫生服务的目标得以实现。

（二）继续深化医疗改革是关系我国现代化建设全局的重大民生工程和发展工程

加强以保障和改善民生为重点的社会建设，提高人民健康水平，是现代化建设的有力保障。发展卫生事业，提高全体人民素质，是把我国十几亿人口压力转化为长期的发展优势的前提。我们还要看到，深化医疗改革，各级政府加大对卫生的投入，可以直接扩大投资，带动医药卫生及其相关产业发展，同时，保障好群众基本医疗卫生需求，构筑社会保障安全网，有利于缓解群众后顾之忧，增加即期消费。此外，今后一段时期是我国城镇化加快推进的关键阶段，将有大量农村富余劳动力及人口转移到城市。深化医疗改革，能够为促进城乡统筹发展、推动农民工融入城市创造良好的条件。因此，我们必须从扩内需、调结构、促改革、惠民生的高度，充分认识医疗改革在经济社会发展全局中的重大作用。

（三）继续深化医疗改革是协调推进经济社会改革的重要实践

30 多年来，我国经济社会发展取得的巨大成就主要得益于改革，未来发展还必须依靠改革，改革是最大的红利。医疗改革是我国经济社会领域的一项重大改革，触及各方面的矛盾和问题。在医疗改革中，政府增加的投入主要用于低收入群体，这实际上是收入分配结构的再调整，有利于促进社会公平正义与和谐进步。医疗改革还涉及政府职能转变和财税、价格、人事薪酬等方面的体制机制改革，都需要进行大胆的探索创新。总之，医疗改革是整体改革的一个重要组成部分，其积累的经验对经济社会领域的其他改革必将产生广泛而深远的影响。

## 三、医药卫生体制改革的现状

改革是推进医药卫生事业发展的动力源泉。2009 年中央作出了深化医疗改革的重大决策部署，经过 4 年多的努力探索，医疗改革取得了重大阶段性成效，群众"看病难、看病贵"问题得到有效缓解。一是全民基本医保制度框架基本建成，职工医保、居民医保和新农合三项基本医疗保险覆盖了 13 亿多人口，织起了世界上规模最大的全民基本医疗保障网；二是国家基本药物制度全面建立，基层医疗卫生机构综合改革持续深化，初步建立起维护公益性、调动积极性、保障可持续的运行新机制；三是基层医疗卫生服务体系显著加强：中央投入 700 多亿元支持 2400 多所县级医院和 4 万多所基层医疗卫生机构建设；启动了以全科医生为重点的基层医疗卫生人才队伍建设，城乡基层医疗卫生服务"软硬件"都得到明显改善；四是基本公共卫生服务均等化水平明显提高，服务内容得到拓展，服务标准稳步提升，亿万人民群众得到了实惠；五是公立医院改革试点积极推进，积累了有益经验。[4]

但是，医疗改革是一个非常复杂的世界性难题。纵观国外的医疗卫生制度，与英国、德国、日本等发达国家采用社会医疗保险模式相比较，我国的医疗卫生的现状已与快速发展的经济社会不相适应，滞后的医疗卫生事业已经成为影响、制约中国社会和谐发展的瓶颈问题之一，医疗改革难题亟待破解。[5]

### （一）我国医疗改革存在问题

#### 1. 政府角色定位不准

我国医疗改革之始是以市场化为改革方向，过度地依赖市场经济体制在配置医疗资源、减少财政支出方面的作用，却忽视了因此导致的医疗资源分布不均、医疗卫生服务两极分化的负面作用。在医疗市场化改革过程中，政府将部分权力转交于市场，并将政府本应承担的责任也一并转移，政府监管、制度规范均存在缺失。

### 2. 医疗机构定性不清

在医疗卫生事业单位改革的过程中，很多医院成为差额拨款或自收自支事业单位，经营方式近乎企业，自主经营、自负盈亏。这样医院由供给公共服务的非营利部门蜕变成为一般营利性企业，大大削弱了其作为公共医疗卫生服务供给部门的使命。从根本上看，正是由于单位性质的定性不清，使得医院为了生存和发展，放弃了原有的责任和义务，成为追逐商业利益为目标的企业，同时基于优质医疗资源的稀缺性，从而导致医疗服务非均衡化和医疗费用的上涨，损害了人民群众的利益，出现了看病难、看病贵的现状。[6]

### 3. 医疗供给不均

对医疗机构来说，中国医疗改革目前存在以下几个方面的问题：医疗机构的公益性和盈利性不分、医药不分、管办不分。卫生资源总体不足，当前的医疗资源总体供给与人民群众日益增长的健康需求不成正比，这是医疗体制、医患关系中存在根本的矛盾。人民群众对医院的意见集中体现在看病难、看病贵、服务质量低、药价虚高等方面，一些问题长期得不到解决。现代社会竞争日益加剧，人们生活压力增大，人们对生活质量、生存质量的要求越来越高，这些变化客观上导致人们对医疗需求的增加，使得医疗卫生服务需求的多样性与现有医疗条件的单一性之间的矛盾逐步深化。

### 4. 医疗保障不足

医疗保险覆盖面很小、有失公平、保障水平不高、个人负担比例过高、城镇不同人群享受的医疗保障待遇差距较大，由于医疗卫生服务供给的城乡二元体制的差别，导致城乡居民享受的医疗保障待遇差距巨大，城乡医疗卫生资源分布严重不均。新农合制度报销比例偏低，农村居民收入水平低、教育水平低、自我保健水平低，常常出现"要么不生病、一生病就是大病"，因病致贫、因病返贫已成为当前我国扶贫工作一大症结。现行城镇医疗保障制度的对象是就业人员及符合条件的退休人员，还有很大一部分少年儿童、老年人及无法就业人员排除在外。这样的制度下必然会导致一部分人群基本医疗需求难以得到保障，而另一部分人群过度保障，社会公平得不到体现，从而影响经济和社会的发展，带来各种消极后果。在这种医疗保障严重不足，医疗保障十分不均的情况下，会出现体制外的人以各种方式侵蚀体制内的医疗资源的问题；同时一部分人过度医疗，一部分缺乏基本医疗；医疗保障的差异已成为社会分配不公的重要体现。

（二）原因分析

究其根源，上述问题是在中国市场经济和社会转型的大环境下产生的。既有政府管制层面的原因，也有医疗机构的市场化的原因。从医疗机构市场化角度看，具体原因如下：

1. 医疗机构市场化程度低，市场竞争不充分

市场化的结果就是竞争，竞争的结果就是要向消费者提供好的服务和有竞争力的价格，否则将无法在市场中立足。没有形成市场化条件下的优胜劣汰机制，医疗机构的自我发展动力不强、危机意识不强，在这样的工作环境中医务人员的工作积极性和职业操守也受到很大程度的限制。

2. 医疗机构收费体系控制得过严，体现不出市场的价值

从政府管制角度看，政府失灵导致看病难，看病难导致看病贵，这是经济学的客观规律。供求关系决定价格，商品供不应求，市场如果是自由竞争，那么其均价自然会提高；而价格高导致市场进入者增加，进而增加供给导致价格下跌。因此，在完全的竞争环境中，看病难、看病贵不是普遍现象，但现实是医疗资源属于稀缺资源、垄断资源。

3. 医药领域市场化与医疗服务公共性之间的矛盾

从根源看，原因主要表现在医疗服务的公共性与商业化、市场化之间的矛盾。一是医疗保障的市场化，医疗保障市场化是指通过商业性的医疗保险，以资源性为主，为民众提供医疗保障；二是医疗服务的市场化，其

实就是讲医疗服务的供给方式问题，原有的方式是由国家直接投资医院，事业单位模式允许，而现在国家投入比例越来越低。我国医疗卫生行业在供给层面基本走向了商业化、市场化的服务提供模式，我国医疗机构的管理经营方面也转向企业管理经营模式，医院之间趋于竞争。在需求层面，医疗服务的公共物品属性越来越多地演变为私人消费品属性。医疗体制变革基本走向商业化、市场化，在一定程度上带来医疗水平的提高等各方面的进步，但是与此同时，体制变革的时候也带来消极后果，即医疗服务的公平性下降以及卫生投入的效率下降。

4. 医务人员的正常待遇偏低

毫无疑问，我认为医生当然应该是"高收入群体"，全世界都是如此。但是从收入分配角度看，中国是例外，医疗改革没有解决这个问题。医疗行业是一个专业性强、技术性要求高的工作，医务人员的工作压力大、精神压力大，同时存在相当高职业风险，甚至是人身安全风险，但其收入相较其他行业却偏低很多。在市场经济的大环境的价值评价之下，乱收费、乱开药等不良情况的增多，影响医务人员的职业操守。现在有些医生得到了"高收入"，但从偶见网络的医疗回扣门事件看，相当多数的医生是通过"红包"或者"开检查""开药"的回扣，这是一种阴暗的灰色收入造就的高收入，它在某种意义上加剧了日益紧张的医患关系，甚至会给部分医生带来心理负担，使他们良心不安，因为这不是医生这一职业所应当得到的、天经地义的高收入。

## 四、医药卫生改革体制创新的对策

### （一）强化政府的投资与监管职能

首先，供给医疗卫生服务是政府的基本职责，政府应保证在公民医疗卫生方面的投入，降低民众直接支付的比重，为民众提供基本的医疗卫生服务。同时应该适当照顾低收入和贫困弱势人群，确保让大多数人得到均衡的基本医疗保障。其次，应该强化政府监管职能。各级医疗卫生管理部门应积极采取有效的措施对医疗机构进行规范和监督，坚决打击医疗卫生方面的不法行为，促进其健康有序发展，同时，完善相关法规和政策，健全管理体制和监督体制并确保其得以贯彻实施。

（二）推动城乡均衡发展

努力平衡城乡之间的医疗差距，建立覆盖全民的医疗保障制度。打破城乡二元制度，统筹城乡医疗保障制度。扩大医疗保险覆盖面，建立覆盖我国城乡全体居民的医疗保障制度，扩大城镇基本医疗保险和新型农村合作医疗的收益人群并且逐步减小两者之间的差距，合理有效配置卫生资源，让城乡居民能够获得均衡的医疗服务。

（三）健全全民医保体系

全民医保是中国特色基本医疗卫生制度的基础，下一阶段改革要在完善制度上加大力度。一是逐步提高居民医保和新农合政府补助标准，推进建立城乡居民大病保险制度，提升基本医保支付能力和重特大疾病保障水平。二是加大医保支付方式改革力度，积极推行按病种付费、按人头付费、总额预付等综合方式，增强医保对医疗行为的激励约束作用，实现提高医疗服务质量与控制医药费用过快增长的双优结果。三是提升基本医保管理和服务水平，推进基本医保和医疗救助即时结算，建立异地就医结算机制。同时，逐步完善基本医保管理体制，理顺管理职能，提高经办管理运行效率。四是完善城乡医疗救助制度，加快健全重特大疾病医疗保险和救助制度，健全疾病应急救助制度，筑牢医疗保障底线。五是积极发展商业健康保险，支持发展与基本医疗保险相衔接的商业健康保险，满足多层次的健康保障需求。

（四）深化基层医疗卫生机构综合改革

一是巩固完善国家基本药物制度，稳固基本药物集中采购机制，有序推动基本药物制度逐步延伸到村卫生室和非政府办基层医疗卫生机构，健全基层医疗卫生机构稳定长效的补偿机制，深化基层机构编制、人事薪酬改革，巩固基层医疗改革成效。二是继续加强基层医疗卫生服务网络建设，健全以县级医院为龙头、乡镇卫生院和村卫生室为基础的农村医疗卫生服务网络。在城市，要加快建设以社区卫生服务为基础，与大医院分工协作的新型城市医疗卫生服务体系。三是深入实施基层中医药服务能力提升工程，不断完善中医药和民族医药的发展机制和政策。四是转变卫生服务模式，逐步建立分级诊疗、双向转诊制度。积极推进家庭签约医生服务模式，建立全科医生与居民契约服务关系。五是稳步提高基本公共卫生服务均等化水平，继续提升人均基本公共卫生服务经费标准，规划并实施好免疫、妇幼保健、重性精神疾病患者管理、健康教育等基本公共卫生服务和重大公共卫生服务项目，加强区域公共卫生服务资源整合。六是进一步落实乡村医生补偿、养老等政策，加强乡村医生的培养培训，提升乡村医生队伍的服务能力和水平，不断筑牢农村卫生服务网络。

（五）加快推进公立医院改革

公立医院是我国医疗服务体系的主体，在保基本中发挥支柱作用。一是切实履行好政府办医职责，合理确定公立医院功能、数量、规模、结构和布局，坚持公立医疗机构面向城乡居民提供基本医疗服务的主导地位。二是破除以药补医机制为关键环节，统筹推进管理体制和价格、药品供应改革，理顺医药价格，建立科学的补偿机制。三是推进建立公立医院内部治理结构，深化人事分配等机制综合改革，建立适应行业特点的人事薪酬制度，加强绩效考核，建立科学的医疗绩效评价机制，建立和完善现代医院管理制度。县级公立医院覆盖9亿人口，是连接大医院和基层医疗卫生机构的枢纽，也是解决好看病难、看病贵问题的关键一环。当前，要把县级医院改革作为重点，加快改革步伐，力争用3年的时间全面完成，切实发挥好县域内龙头医院作用。与此同时，要深化拓展城市医院的综合改革试点，加强顶层设计，统筹规划，统一指导，综合推进，进行系统性的改革试点，形成改革政策的叠加效应。

（六）积极推进健康服务业发展

促进健康服务业发展是深化医疗改革、改善民生、提升全民健康素质的必然要求。鼓励社会办医是发展健康服务业的重要内容，要进一步解放思想、创新思路，鼓励社会力量以出资新建、参与改制、托管、公办民营等多种形式投资医疗服务业，优先支持社会资本建立非营利性医疗机构。

要加大价格、财税、用地等政策引导，取消不合理的规定，加快落实对非公立医疗机构和公立医疗机构在市场准入、社会保险定点、重点专科建设、职称评定、技术准入等方面同等对待的政策。同时，要加快发展养老护理、中医药医疗保健、健康保险等服务，把深化医疗改革与加快发展健康服务业紧密结合起来，互为促进、联动发展。

（七）加强卫生信息化建设

要建立健全人口健康信息管理制度，充分利用信息化手段，提高人口健康管理水平。要积极推进医疗卫生信息技术标准化，加快研究建立全国统一的电子健康档案、电子病历、医疗服务和医保信息等数据标准体系，加强区域医疗卫生信息平台建设，推动医疗卫生信息资源共享、互联互通。要以面向基层、偏远和欠发达地区的远程影像诊断、远程会诊、远程监护指导、远程教育等为主要内容，发展远程医疗，使优质资源更加便捷地服务基层群众。

（八）推进人才培养使用制度改革

一是建立适应行业特点的人才培养制度，深化医学教育改革，重视人文素养培养和职业素质教育，加快建立住院医师规范化培训制度；二是加强全科医生队伍建设，开展全科医生规范化培养，做好全科医生转岗培训、农村订单定向医学生免费培养，实施全科医生特岗项目，确保如期实现基层医疗卫生机构全科医生配备目标；三是加大护士、养老护理员、药师、儿科医师等紧缺专门人才的培养；四是允许医师多点执业，鼓励具备条件的医师向基层流动，加强规范管理，保障医疗服务质量安全；五是加快推进医疗领域收入分配制度改革，逐步建立符合医疗行业特点的薪酬制度，体现多劳多得、优绩优酬，保障广大医务人员的合法收入普遍提高。[7]

（九）完善医疗卫生监管体制

强化全行业监管职能，优化监管机制、完善监管制度、创新监管手段，加大执法力度，切实保障人民群众健康权益。要依法严厉打击非法行医，严肃查处药品购销、医保报销等关键环节和医疗服务过程中的违法违规行为。建立信息公开、社会多方参与的监管制度。加强医德医风建设，要教育和引导广大医务工作者自觉珍惜职业价值，不断提升自身修养，更好地为患者服务。要完善医疗纠纷处理机制，依法打击涉医违法犯罪行为，优化医务人员的从业环境，构建和谐医患关系。

（十）借鉴国外经验

发达国家和地区在医疗体系建设上具有诸多前瞻性理论和经过充分实践的经验值得我们学习。如英国模式，其主要是政府举办和管理医疗机构，实行垂直管理，允许有私人医疗机构，公立医院承担全民基本医疗，私立医院是公立医院的补充。日本于 2008 年制定了"特定身体检查"与"特定保健指导"两大政策，各医疗卫生服务机构可以使用保险金开展"身体检查"和"保健指导"，也就是说以前仅做疾病治疗的保险金，也可以用于疾病预防，这是一项根本性的制度改革。在我国未来的医疗制度设计中，应在立足国情的基础上，认真学习国外经验，并加以创新，以全面提升我国医疗体系层次。

## 参考文献

［1］ http：//zhidao. baidu. com/question/37348862. html.

［2］ http：//news. sina. com. cn/o/2005 – 09 – 26/13407038833s. shtml.

［3］ http：//www. baike. com/wiki/% E5% 8C% BB% E8% 8D% AF% E5% 8D% AB% E7% 94% 9F% E4% BD% 93% E5% 88% B6% E6% 94% B9% E9% 9D% A9.

［4］ http：//yc. jxcdc. cn/show. aspx? id = 20451&cid = 63，2014 – 2 – 12.

［5］ http：//www. niubb. net/a/2016/02 – 08/445264. html，2016 – 02 – 08.

［6］ http：//www. niubb. net/a/2016/02 – 08/445264. html，2016 – 02 – 08.

［7］ http：//www. niubb. net/a/2016/02 – 08/445264. html，2016 – 02 – 08.

# 协调推进城镇化：一个"复合型分析框架"的构建

◎张金庆

华中师范大学公共管理学院，湖北武汉，430079

**摘　要：** 改革开放以来，推进城镇化的政府治理模式是一种由结构与行动、中央与地方、国家与社会等复杂关系综合互动而成的偏好增长和协调有限的"统合治理"，城镇化发展难以实现从量到质的转变。在探讨推进城镇化复合多重问题逻辑和基本悖论时，市场建构、社会建构或治理建构等分析路径都可能面临协调困境。协调推进以农民工市民化为核心的新型城镇化需要构建能够统筹多重逻辑的"复合型分析框架"。在这一新分析框架中，现代国家构建导向下"配置国家"是实现城镇化协调推进的中心议程。

**关键词：** 协调推进城镇化　复合型分析框架　国家构建　配置国家

## 一、结构性调适：推进城镇化

"协调推进城镇化是实现现代化的重大战略选择"，"坚持以创新、协调、绿色、开放、共享的发展理念为引领，促进中国特色新型城镇化持续健康发展"。"协调"已成为推进城镇化的发展理念之一，包括人口、资源与环境协调、城乡协调、城镇化与产业协调等，而归根结底是治理逻辑的协调。因病态的公共治理逻辑使然，人为造城运动及其引发的社会冲突成为中国城镇化的最大风险。城市化与地方政府治理模式转型的"不协调"造成"半市民化"与"半城市化""被城市化"与"赶农民上楼"等问题，激化了社会矛盾与风险。"推进"这一概念凸显了中国城镇化与西方城市化发展道路的显著差异。而在推进城镇化是由政府主导还是市场说了算的争论中确立的原则是"市场主导、政府引导"，有观点认为，城镇化应由市场主导，并进一步认为新型城镇化的实质是市场配置资源的方式发展的过程。问题就在于，有效市场的产出之一是社会不平等，这种情况有时出现在某些市场经济中，而在有些市场经济中却总是如此。但城镇化在发展中国家的发展起点上就是价值问题选择，公平正义问题在推进城镇化政策形成之初便明显存在。理论界与实务界就城镇化战略形成另一个基本共识是，新型城镇化的本质是"以人为核心"的农民工市民化。农民工问题是个"政治问题"，农民工市民化的过程，实质是公共服务均等化的过程，而公共服务均等化也是一个"政治价值问题"。从"国家治理"的视角看，"市场建构"无法从根本上解决农民工问题，农民工问题的最终解决必须由国家干预。正如李克强指出，"在十几亿人口的大国推进城镇化，进而实现现代化，在历史上无例可循。有序引导这个宏伟进程，是对我们'党执政能力和政府行政能力'的重大考验"。很明确，这一"历史命题"考验"国家能力"。只是，从以往城镇化建设经验看，各级政府素有扩张权力以提升资源整合支配能力的传统。"城市化有可能造成中国城市的纵向行政升级运动和横向行政权扩张运动"。那么，城镇化治理逻辑是否真有职能扩张取向？在路径依赖下，推进城镇化对政府职能带来何种影响，是否会导致政府权能扩张？基于对市场主导与行政扩张的忧虑，治道变革潮流中试图超越政府失败与市场失灵、重视引入社会机制、强调政府分权和社会自治的"治理"是否适合分析协调推进城镇化？

深受"治理"影响，新公共管理、网络治理等成为中国政府治理改革，包括推进城镇化的治理模式构建的主流分析路径。当前已有新型城镇化问题的综述性研究得出结论：推进城镇化最终是"治理"的挑战，城镇化模式由传统转向新型必须由"国家的视角"转向"社会建构的视角"。

诚如西蒙（Simon）指出："在当今世界公共管理改革中，强调市场、私部门的作用并使其代替政府机构，无法从本源上解决复杂的社会系统面临的根本问题——协调（Coordinating）"。而"治理"在价值取向和政治主张等方面区别于中国提出的"国家治理"，因此，我们认为，"治理"可能并不适合分析协调推进城镇化。在"治理"的话语霸权影响下，应特别关注其适用性，以防误导实践。基于协调推进城镇化，更有价值的思考或是协调推进城镇化的新型治理模式与目前同步推进的"国家治理体系与治理能力现代化"是何种关系？很明确，推进城镇化的治理模式变革理论、实践方向应契合"国家治理体系与治理能力现代化"，而非与之偏离或矛盾。

综上，基于推进城镇化的多重问题逻辑和基本悖论，现行分析框架都可能面临协调困境。我们认为，亟须构建一个能够统筹多重问题逻辑的复合型分析框架，以回答推进城镇化如何实现"协调"。

## 二、城镇化治理逻辑：制度结构与统合治理

为回答城镇化推进如何协调的问题，首先必须解释"不协调"的深层次逻辑是怎么样的。我们认为，改革开放以来的城镇化的治理模式是"统合式协调"，为突出其经济机理功利主义特征，也可称作"统合式协调经营"，是一种"协调有限的统合""有偏的协调"。20 世纪 90 年代以来，主要相关学科都依据其理论假设、研究范式与案例经验，总结出多种多样的模式来描绘中国经济增长历程中的中国政府治理体制机制运作的本质、特征、问题与转型路径等。理论界提出的"财政联邦制""分权化威权主义""压力型体制""职责同构""地方政府竞争""属地管理""行政发包制"和"晋升锦标赛制"等概念与理论已形成了一个诠释中国政府治理逻辑的"理论簇"，共同界定了中国政府治理模式与机制的制度框架和内外部制度环境。其共识性结论是理解中国政府行为尤其是地方政府治理行为，是理解中国高速发展的钥匙；经济奇迹是地方政府"为增长而竞争"的结果。

理论界一般将经济发展中的地方政府治理模式概括为"地方政府公司化"，或统称为"地方发展型政府"，是指"发展中国家在向现代工业社会转变的过程中，以推动经济发展为主要目标，以长期担当经济发展的主体力量为主要方式，以经济增长作为政治合法性主要来源（绩效合法性）的政府模式"。

中国城镇化的快速推进始于改革开放，而构成改革开放的逻辑起点是农村土地承包制与放权让利。基于制度变迁视角，戴慕珍（Jean C. Oi）的研究认为，农村土地承包制和财政包干制这两种新制度安排与组合产生激励性政策效应，构成地方政府推动农村工业化的"结构性激励"（structure of incentives）。一方面，农业去集体化（承包制与人民公社解体）使得农业不再是地方财政收入的主要来源，地方政府将发展重心从农业转向发展乡镇工业；另一方面，改革开放以来，绩效合法性被建构为主要政治合法性基础，中央政府为调动地方积极性，赋予地方政府自主安排财政支出的权力，地方政府自主性增强，财政包干制极大地激励了地方政府促进经济发展、增加财政收入的积极性。

在解释为何是乡镇企业异军突起的动因方面，20世纪80年代制度环境高度不确定以及民营经济未充分发展的社会环境下，在率先启动改革的农村地区经营乡镇集体企业成为地方政府"理性选择"的最佳发展策略。那么，地方政府如何作用于乡镇企业？戴慕珍提出的"地方政府统合主义"（local state corporatism）描绘了党政企互利关系与发展模式。地方政府直接介入经济，将企业发展吸纳到公共治理中，并担任管理者的角色的过程，既为企业提供经济依靠和政治后盾，也对企业施加其影响力和控制权。地方政府、党委与所辖企业三者结成具有共同利益的法团组织，类似大企业利益共同体，并以利益最大化为目标。20世纪80年代，"地方政府统合主义"侧重于体现"地方政府公司化"的色彩，地方政府协调地区内各经济事业单位的工作运行，类似从事多种经营的实业公司。20世纪90年代，乡镇企业势微，私营企业兴起，则更多地体现了地方政府"统合者"的色彩，地方政府尤其是县乡村三级的党委组织和政权机构的角色性质并没有改变，仍然在企业重组、改制中发挥资源要素微观配置的重要作用。

新近有研究认为，20世纪90年代后乡镇企业迅速没落的现实，挑战了建立在对乡镇企业繁荣时期经验观察基础上的"地方政府统合主义"理论的解释力，这一理论反映的统合机制正在被新的统合机制替代。一方面，由于财政包干制对"国家能力"或曰"国家自主性"的威胁诱发财税制度变迁，其很快被分税制取代；另一方面，土地产权制度赋予地方政府土地征用、变更及转让方面的垄断权，土地征收和用途变更的"非市场化机制"得以建构。分税制与土地产权制度的新制度组合对地方政府行为模式的转换构成新的"结构性动因"。地方政府的产权控制发生变化，由"企业产权"转变为"土地产权"，地方政府在城镇化推进中的行为模式由"经营企业"转换为"经营土地"。而在土地财政饱遭诟病与中央遏制的情势下，则转向更具合法性的"经营城市化（项目制）"，但现阶段"经营城市"本质上还是"经营土地"。分税制改革不仅没有减弱地方财政激励的强度，反而有所增强，还改变了地方政府主要收入来源，促使其在预算内财政收入的基础上（源于企业）开始谋求预算外与非预算收入，而这些新收入的来源主要是农民负担与土地征收转让收入，地方政府自主性扩张开始从"援助之手"转向"攫取之手"。由此，地方政府不再直接兴办经济实体，而是利用行政权力和土地等资产权力经营城市化项目获利，即通过网络化的项目平台组织方式来经营辖区。这一平台采用"行政—政治—公司"三位一体的新统合机制来连接和动员与城市化相关联的地方机构和组织。地方政府的经营性行为具有明显的行政化、政治化和公司化等特征。

但赵树凯（2012）认为，"地方政府统合主义"仍然适用于理解当前的政经关系与政府治理逻辑。尽管"统合机制"发生明显进化，但"地方政府统合主义"的体制特征并没有随着体制环境的变化而发生根本转变，或者说，地方政府统合各种组织追求经济绩效的基本运作模式未发生实质性变化。概言之，改革开放以来，城镇化的治理模式是一种"统合治理"或"统合经营"。在这种"统合治理模式"中，地方政府通过"统合机制"将各种主体、要素和资源卷入发展过程，使得"全能主义国家"不仅没有转型为有限政府，反而不断扩大了政府权力范围。陈国权（2015）以"政企统合治理"概念化作为城市化和经济增长关键引擎的第三区域（开发区、新城区、功能区）的治理模式，这种模式有助于优化经济决策和协调、保障资源持续投入、克服集体行动困境与推进城镇化，但"高度再集权化"是统合治理的主导逻辑，权力腐败、市场失序、债务与金融风险、社会不稳定等诸多"治理危机"如影随形，严重阻滞城镇化区域的可持续健康发展。因此，统合治理与市场化、民主化、分权化的中国政府治理理论与改革实践主旋律相悖。

可以认为，统合治理是地方政府"为经济而统合、为增长而协调"，但过于侧重经济维度而忽略了城镇化发展的政治、社会、文化、资源、环境维度，且它是建立在破坏农民土地产权的基础上，故这种治理模式推进的城镇化并未实现整体意义上的"以人为本"，这种"统合式协调"也就并未真正实现"协调"，或者说至多是"协调有限的统合""有偏的协调"。总之，理解城镇化推进中的政府治理逻辑及其变化的关键在于探索其动力机制是怎样转换的；从深层次的结构性动因分析，转换的实质是制度基础的变迁和治理结构关系的变化，具体来看，主要有以下几个关键点。

其一，制度结构是理解城镇化治理逻辑的核心，以中央与地方关系调整为主要变革内容的制度变迁是城镇化的治理模式变化的关键变量。地方政府自主性的扩张对"国家自主性与国家能力"的显著影响是制度变迁的重要动因。现行中央与地方关系中的政治集权和行政分权逻辑是统合治理的形成与扩张的结构基础。

其二，土地产权制度的模糊性使地方政府成为土地的实际拥有者，这是地方政府建构与强化城镇化的统合治理的核心物质基础（支点）；城镇化治理逻辑是政府职能特别是经济职能扩张型的，政府能力的提升建立在政府职能与权力扩张基础上，这与地方政府的资源汲取能力有关。长期以来，城镇化的推进依然是建立在牺牲农民权利与权益基础上的，分税制、土地制度与户籍制度等形成的制度结构是制度根源。

其三，改革以来工业化、市场化、城市化等现代性因素成长，促动社会结构变迁，开始重塑政府、市场、社会间的治理结构关系与政府治理模式，国家与社会关系虽然趋于占据治理变革主线，但"权威体制"特征未有根本性变化，政府在治理结构中始终并将长期扮演"统合者"角色。这是政府治理模式变革分析必须考虑的现实。

其四，就研究视角本身来看，首先，由于城镇化、经济增长与政府治理模式之间的紧密关系，解释城镇化治理逻辑的富有解释力的理论与概念也就大多有新政治经济学色彩，融合了公共财政理论、公共选择理论，新制度经济学、新制度主义理论等，特别是注重分析制度、制度结构与制度变迁之于中国经济增长的重要作用；其次，有些理论与分析性概念并非基于某一种视角，本身融合了多个维度，比如要理解"地方政府统合主义""统合治理"，既要从国家、市场与社会关系视角切入，也必须置于中央与地方关系视域中。

综上，这些理论与经验研究深刻解释了改革以来的城镇化治理逻辑，即城镇化治理模式"不协调"的症结在于制度逻辑与治理结构，这是未来治理模式转型的逻辑切入点。但这些研究的侧重点在于此，并未正面回答如何实现"协调"。可就推进城镇化这一现实的现代化战略，依然需要在"国家治理体系与治理能力现代化"视阈下回答如何"协调"。我们试图给出的框架，既需要注意结合上述具有解释力的诠释治理逻辑的理论，也需要注意兼容中国治理改革实践与理论的主旋律，并且具有中国适用性、现实性与可分析性。

## 三、框架建构：基本分析维度及其逻辑脉络

"地方政府统合主义"与"统合主义"有一定联系但又有区别。统合主义是在对多元主义的质疑中兴盛起来，强调国家之于社会的主导地位，主张各类社会组织按功能被整合进国家制度化体系中，并在国家的指导和控制下实现协调发展。近年来，统合主义被广泛用于分析中国国家与社会关系，研究认为中国国家与专业团体关系已经从国家全能主义演变为统合主义。但是，在中国，社会利益和国家决策之间，并未真正出现制度化的法

团主义结构。

运用统合主义解释中国存在困难，作为一种国家与社会关系模式，实际上并不适用来理解、解释或预测中国的国家与社会关系。实际上，"地方政府统合主义"是对"统合主义"的创造性地使用，以诠释"地方政府公司化"现象，是对城镇化治理模式的准确描述。但是，在政府设计的市场、社会体制不完善的情境下，以统合治理推进城镇化，地方政府总会突破政府、市场和社会的边界，进而抑制市场、社会机制在城镇化中的重要作用。赵树凯认为，"地方政府统合主义"推进中的经济发展难以实现从量到质的转变。

（一）作为国家构建的中心主旨：国家自主性与国家能力

1. 制度结构与行动主体：国家自主性

与统合主义重视国家作用相似，国家中心主义更进一步发掘出国家自主性（stateautonomy）。1980 年以来，社会科学开始"重新发现国家"。历史制度主义者斯考切波（Theda Skocpol）等学者主张"找回国家"，重视制度与国家在塑造社会与政治过程中的决定性作用。回归国家学派受"结构马克思主义"国家理论的启发，主张继承韦伯国家观，彻底地批判多元主义与结构功能主义的"社会中心主义"忽视国家是具有独立利益偏好的行动主体，即国家自主性。将"国家"作为重要变量引入相关社会变革、政治与决策的研究中有两种分析策略：一是将国家视为有社会影响力的制度结构，影响着社会组织意图与行为策略；二是将国家视为行动主体，能够利用与社会现实相关的国家资源实现独立目标。

2. 建制性能力：国家构建的重要维度及其限度

"国家自主性"被发掘后，实现国家自主性所必需的国家能力（state capacity）成为一个令研究者们更感兴趣的重要概念，并掀起了关于国家构建核心命题的讨论与研究热潮。

所谓国家能力，是指国家执行其意志与决策、实现特定目标的能力，具体表现为公共政策的决策和有效执行。核心问题在于如何理解、衡量与建构国家能力。新国家中心主义认为国家能力并不是单向度的，主张只有充分理解社会结构、在国家与社会互动关系中，方能真正认识国家能力。迈克尔·曼（Michael Mann）将国家权力（国家能力）划分为专断性权力和建制性权力，有效的、可持续的国家能力取决于建制性权力的发展程度。受到曼的启发，米格代尔（Joel Migdal）发展出了"国家在社会中"（state in society）的概念，强调国家和社会相互赋权增能、改变和构成系决定国家能力的有效性。彼得·埃文斯（Peter Evans）提出了"嵌入性自主"（embeddedautonomy），国家与社会的相互交织关系，这一理论旨在诠释国家对社会的自主性必须建构在与公民社会正面连接关系上，国家需要通过建立"政策网络"与社会合作协同，进而才能完成国家发展目标推动国家全面整体发展。维斯（Linda Weiss）和霍布森（John Hobson）在曼的建制性权力和埃文斯的嵌入性自主理论基础上提出了"治理式互赖"，在国家拥有隔离式自主性、避免被社会利益集团俘获的前提下，国家与公民社会之间的制度化嵌入合作才能将自主性成功转化为建制性（协调性）国家能力。对中国而言，国家自主性与社会互相嵌入，总体上属于自主性和嵌入性相结合的发展型国家；姚洋提出的中国国家属于"中性政府"的观点与维斯和霍布森的观点异曲同工。

学界在国家能力结构维度上的认识无法达成一致，对国家能力结构的解构经历了一维至多维的发展演变过程。从建制性国家能力的角度来界定"有机国家"的国家能力的学者是维斯和霍布森，他们将建制性国家能力解构为渗透能力、汲取能力与协商能力。渗透能力是指国家进入社群并能与公民互动的能力；汲取能力是指国家从社会汲取资源的能力；最重要的是建制性能力的协商维度，协商能力是指国家与社会组织等主体相互协商，整合利益诉求，构建共识性策略的能力。这三种国家能力最终体现为"协调能力"（coordinating capacity）。国内学者王绍光等人将国家能力划分为汲取能力、调控能力、合法化能力与强制能力，前三种能力与维斯和霍布森的界定具有相似性，而强制能力相当于专断性能力。

国家能力建设已成为国家构建（state – building）的中心议程。对转型国家而言，国家能力羸弱会引发公共治理质量下降和治理危机，导致失败国家。转型国家的国家构建主旨是建构国家自主性，并使其转化为强大的国家能力，其核心是国家制度建设。弗朗西斯·福山（Francis Fukuyama）区分了"国家活动范围"和"国家权力强度"，前者指国家职能，后者指国家制定并实施政策和干净的、透明的执法能力，通常指国家能力或制度能力。发展中国家的最佳策略是在削减国家职能范围的同时强化国家能力，也即国家能力的衡量复合了国家强度与政治有效性两个维度，建立强国家的目标不是要扩大国家权限和规模，而是要增强国家政策执行力和政治有效性，增强国家制度性能力。"有效性"应作为衡量国家能力的基本维度，避免无限度地加强国家能力而导致全能主义。

中国国家构建必须细致地区分国家权力范围和国家能力强弱两个不同的维度，更有针对性地构建一个民主法治下既有限又有效的现代国家。"国家治理体系与治理能力现代化"是国家的制度和制度执行能力的集中体现，可以理解为"有能力的有限政府"。投资"社会资本"，构建有限的有效政府是中国政府建设的努力方向。

然而，仅从建制性国家能力理解现代国家构建有其限度。杨光斌认为，建制性国家能力需要"资本权力"支撑，但立足于产权保护和市场经济的资本权力具有卡尔·波兰尼（Karl Polanyi）所指的"脱嵌社会"的冲动，其后果是大多数人遭遇不公正待遇，进而撕裂社会。因此，仅有建制性权力以及支持建制性权力的资本权力的国家并不必然稳定。因此，还存在国家共同体中的公民福利问题，即 T. H. 马歇尔所指的"公民身份权利"（citizenship）。为此，公民身份权利就成为现代国家建设中的历史必然，必须给予基本保障。

（二）作为制度化的权利与责任

公民身份"没有一个以市场经济和公民权利为根基的现代公民社会，就难以建构一个现代国家，没有一个现代国家，现代公民社会也难以建构起来"。公民身份（citizenship，或译为公民资格、公民权）这一极具包容性的概念，与发展中国家的城市化、农民市民化、现代国家构建、治理现代化等一系列核心议题联结在一起，并且构成这些议题的中心交会点。

其一，作为复合了多种公民权利的公民身份。公民身份由三种权利要素组成，一是民事公民身份，指个人自由所必需的权利（自由权、财产权等）；二是政治公民身份，是指公民作为政治实体的成员享有政治参与的权利；三是社会公民身份，是依据社会通行标准享受文明生活的权利。其中，社会公民身份是国家向共同体所有合法成员提供公共服务的价值基础。公民身份以国家为基础，国家通过制度安排配置公民权利，因而需要从体现公民权利的国家制度结构和制度执行程度来理解公民身份，民事公民身份依赖于国家法治体系，政治公民身份依赖于国家民主政治体系，社会公民身份依赖于教育体制和公共服务体系。历史地看，现代公民身份的确立是市场经济拓展、城市现代社会形成和现代国家建构的深层次原因，是现代国家的重要基石。

其二，作为公民美德和社会资本的公民身份。公民身份是实现公民参与、构建治理网络的基本要件，积极的公民身份（active citizenship）更是构成现代治理结构转变的价值链。一方面，分权治理的推进，使得市场主体、公民、社会组织等成为之于公共事务治理有决策权的行动主体，承担了应有的或原先不曾有的社会公共责任；另一方面，这些行动主体承担责任时，就必须明确自身的公民身份如何处理与国家、与公共领域的关系，明确自己怎样成为有责任担当的共同体成员，如何有序参与公共生活与公共事务的治理，彰显互助、互惠合作与信任等公共精神。积极公民身份致力于促进国家与公民的和谐互动以创造美好的公共生活。

（三）作为新协调模式："治理"的效度及其限度

"等级式国家协调、市场协调的优势均已失去，当今世界的特征是不断密集的、扩展的、急剧变化的相互依赖类型"。从公共管理的角度关注治理模式的协调，无法绕开"治理"。由于对国家协调和市场协调的失望，"治理"期望基于共同价值与愿景，通过信任、合作、互赖、互惠的公民精神"重新发现社会"，协同构建多中心的政策网络与治理网络来弥补国家职能失灵。目前公共管理研究最关注的治理模式无疑是官僚制、新公共管理与网络治理三者。对于治理而言，主要是后两者。

新公共管理一般是治理的用法之一，两者虽在制度和价值层面上有区别，但治理与新公共管理的改革策略高度关联，前者往往依赖于后者提倡的政策工具。斯托克（Stoker）的研究表明，地方治理的实践过程是地方政府推进新公共管理实践的过程。新公共管理模式是对传统公共行政模式的重大突破，极大地改善了政府绩效。然而，新公共管理的价值取向和实践模式遭遇公共价值管理和重视公民权的新公共服务的批判，即作为一种新自由主义的公共管理哲学，过度崇拜市场机制。当政策行动主体范围扩展至国家之外，国家在公共管理过程中从垄断走向竞争，带来了国家能力衰微的问题。当公共行政由外部而不是由内部完成时，会导致伦理和责任问题，顾客至上原则会产生分配上的重大难题，忽略了民主治理应注意的核心议题如公民精神、积极参与、公民与政府的协调行动等。

为修正新公共管理的缺陷，网络治理模式得以发掘，它是指通过政府、市场和公民社会行动者的关系网络来描述公共政策的制定和执行，一般指政策网络（policy network）与治理网络（governance network）。运用政策网络框架来解释治理，是近年来公共管理研究的新进展，例如，罗茨（Rhodes）认为政策网络是公共管理研究治理的核心。国家与社会关系在不同政治体系中有着本质差异，多元主义、法团主义框架可能脱离某国政治现实，政策网络的优点在于网络概念适用于威权或民主政体中，是对"多元主义"和"统合主义"的超越。治理本质上是地方性的。从纵向的政府间关系看，治理具有去国家化、去中央化的特征；从横向的政府、市场与社会间的关系看，治理则有去政府化、去中心化、去集权化的特征。因此，政策网络治理的推进出现新的影响，国家行动主体支配的垂直科层体系的终结，依赖网络领航，导致制度与功能分割化，增加横向协调、集体领航的必要。网络治理结构导致国家空心化（hollowing out the state），国家公共行政职能的弱化将影响民族国家发展，网络式公共组织分化国家能力，组织结构碎片化对政府中心命令能力造成冲击，零碎化破坏政府集中性，对外部组织的依赖性会腐蚀政府行动能力，破坏行政协调能力。

治理也会失败，治理主体之间容易出现不协调和责任界限模糊，特别是国家正在把原先由它独自承担的责任转移给社会。治理强调责任，但依然遭遇问责制困境，目前对于层级权威缺失条件下的问责制，还未能提供可靠答案。自 20 世纪 90 年代末以来，英国等国家开始积极实践整体政府、协同政府，旨在通过横向和纵向协调的理念与行动以回应中央政府"空心化"导致的责任问题和国家能力问题。应对新公共管理运动导致的公共服务碎片化，开始恢复集权和强化中央政府权威，很多外包给私部门的公共服务也开始回归公共部门，重新政府化。

在治理研究中，出现了自我反动与内省，治理被批判忽视权力关系与制度结构、机制的影响，有研究者注意到治理的后现代性与现代国家构建存在明显张力。新马克思主义者杰索普（Jessop）呼吁在重视治理的重要价值的基础上"再次找回国家"（bringing the stateback in yet again），使国家和政府成为治理开启、关闭、调整和另行建制的"元治理者"，要求重新设计、重新和建构国家。国家应在反思理性中向市场、社会放权，在此基础上与其建立起合作伙伴关系。

在中国，对治理的探讨和实践，局限于对治理特征的简单介绍，或者局限于治理的基本策略，特别是新公共管理的民营化工具应用于地方政府创新回应地方财政危机。在城镇化推进中，地方政府引入企业家精神主要是为了规避国家法律、政策对融资的束缚，因此特别需要指出治理在中西方面对不同的制度基础、问题与结构背景。郁建兴等人认为，要理解治理的中国适用性，需要在关注制度结构等因素的前提下进行方法论创新，"嵌入性自主"就是一种有用策略。我们认为，对于推进城镇化和国家治理体系与治理能力现代化，治理的价值应当得到高度重视，但注意应在调适结构性要素的基础上实践治理，否则只能是一种"异化的治理"，如"统合治理"，或协调有限，或将导致严重后果。

（四）作为理性选择与制度结构的中介：社会资本

不管是治理，还是国家治理，其从理念转化为有效实践，治理能够有效运转，依赖于政府、企业、公民与社会组织间的互信、互惠与积极合作的态度。这些要素构成治理过程中资源共享、组织协调、有效沟通、伙伴关系形成的社会道德基础，即充沛的社会资本。社会资本作为一种实际的或潜在的、能够促进公民行动的、嵌入社会结构中的资源，主要指社会组织的特征，包括信任、互惠规范和参与网络，可以促进协调行动提高社会效率。

公民社会因为个体理性而面临集体行动的困境，因而公民社会也可能是处于集体非理性、分裂无秩序的状态。理性选择制度主义主张有效的制度设计与制度结构能够约束行动主体的最大化理性选择倾向，协调好个体理性与集体理性而导向集体行动的达成。但在现实中，有的制度成功，许多好的制度却反而失败，或者相同制度却有显著的制度绩效差异，其答案在于行动主体与制度之外的文化因素——社会资本。社会资本衔接了微观层次的主体行为与宏观层次的集体行动。许多集体行动问题通过理性个体行动无法解决，但由国家调节或间接的正式民主程序也不易解决；相反，社群的自我调节，结合国家权威，却可以有效解决。社会资本与新制度主义所强调的制度因素不能相互替代，但两者高度相关。制度—社会资本—行动主体三者之间的协调才能有效克服集体行动的困境，具备充沛的社会资本储备方能产生协调合作的公民社会。

社会资本兴起一个背景是东亚经济发展的理论启示，它是解释亚洲的有力概念，对于关系取向、伦理本位的中国社会，社会资本概念有很强的适用性，它比公民社会概念更具有分析性。由于中国社会网络"差序格局"传统的影响，国家的退却并非社会资本发育的前提条件，以自上而下的途径构建公共治理所需的现代社会资本是合适选择。政府必须更为积极投资社会资本，避免政府所设制度破坏社会资本，并有效建构公民参与机制以形成社群信任关系，使传统的信任关系向现代社会资本转换。

需要提及的是，武考克（Woolcook）在研究社会资本与经济发展问题时，引入"嵌入性"与"自主性"两个概念以综合不同层次、维度的社会资本。其中，在宏观层次上，嵌入性是指国家与社会协作关系（synergy），自主性是指制度统一、权限与能力的组织整合。王诗宗认为，武考克用自主性和嵌入性建构的新分析框架为中国国家与社会关系研究提供了新视角。

因为，在中国公民社会发展问题上存在争议，特别是多元主义和统合主义有不同价值倾向性，其可以表述为自主性（autonomy）与嵌入性（embeddedness）的差异，相对于真实世界的复杂性，这两种独立的分析取向都会陷入困境，但两者之间的综合能帮助研究者考察中国公民社会运作机制的真实特性。

## 四、协调推进城镇化的复合型分析框架

提出及应用基于中国城镇化的治理逻辑分析，基本维度的理论逻辑脉络梳理，结合中国城镇化多重核心问题逻辑、基本悖论与中国的现实语境，我们构建了一个协调推进城镇化的复合型分析框架（见图1）。这一分析框架主要有以下特征：一是，坚持以人为本、公平正义的价值理念，重视农民现代公民身份建构；二是，坚持制度主义，认为推进城镇化进程中地方政府治理模式转型的钥匙在地方政府之外，重视国家与制度结构对城镇化进程中各个行动主体的影响；三是，坚持中国政府改革的主旋律，重视政府能力的有效自主性建立在与社会资本的协调互动基础上；四是，坚持推进城镇化进程中的政府责任，重视有限政府但不是崇尚"小政府"，而是"好政府"，改革策略不是国家或政府的全面撤退，而是厘清那些必须主导负责和作用的领域。在此，我们提出一种政府改革新思维——"政府职能配置"，以突出不同层级政府职能转变的重要区别。

### （一）推进城镇化的总体性协调逻辑建构策略

成功推进城镇化既是市场主导、自然发展的过程，又是政府调控、规划引导的结果，还应是社会自治、协同治理的过程。

首先，市场建构。城镇化的过程是劳动力、土地与资本要素资源配置和空间集聚的过程，而市场是有史以来最具效率的资源配置机制，能解决城镇化中微观资源优化配置问题。协调推进城镇化必须以尊重市场规律为前提，以价格、供求和竞争等市场机制促进人口、土地、资本等要素资源在公平竞争环境中能够于城乡之间、区域之间自由流动、重组和集聚。但是，决定性市场机制的负外部性等限度会导致市场失灵，难以解决好城镇

化宏观布局规划问题，城镇化发展中人口、经济、资源与环境之间，城乡、区域之间协调发展的问题、收入差距不平等问题，甚至会扩大阶级不平等。

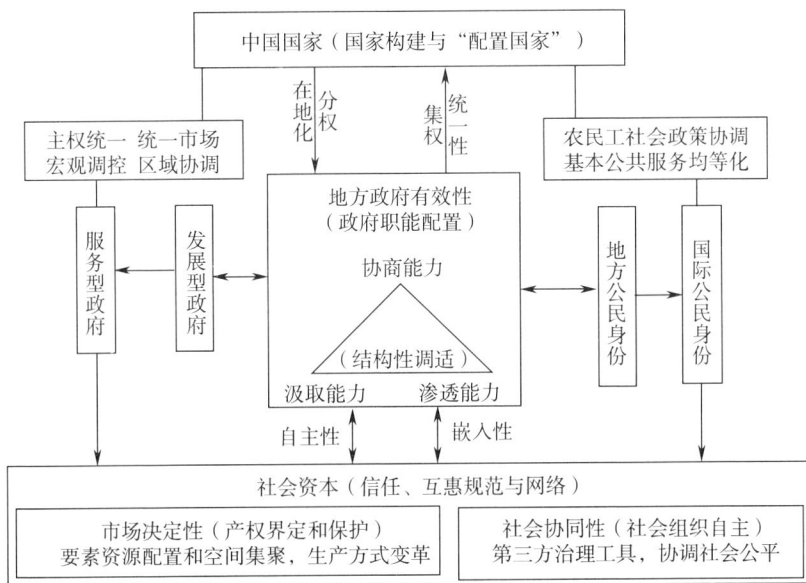

中国国家（国家构建与"配置国家"）

在地化　分权　集权　统一性

主权统一　统一市场
宏观调控　区域协调

农民工社会政策协调
基本公共服务均等化

地方政府有效性
（政府职能配置）

协商能力

服务型政府

发展型政府

（结构性调适）

汲取能力　渗透能力

自主性　嵌入性

地方公民身份

国际公民身份

社会资本（信任、互惠规范与网络）

市场决定性（产权界定和保护）
要素资源配置和空间集聚，生产方式变革

社会协同性（社会组织自主）
第三方治理工具，协调社会公平

**图 1　协调推进城镇化的复合型分析框架**

其次，社会建构。被称为"第三方治理工具"的社会自治组织具有政府和市场所不具有的一些优势与功能，尤其是在那些私部门不愿涉及而政府又无法介入的领域，以志愿、社群和公益精神为行动理念和价值追求的第三部门便成为弥补政府和市场失灵的最佳选择，成为与政府、市场协同实现良好治理的伙伴。在城镇化进程中，专业性社会组织可以凭借专业知识参与城镇规划与建设，公益性社会组织能够通过培训、帮助、提供组织途径等提升农民工的职业、文化和政治等现代公民素质，增强农民需求表达的能力，促进农民参与城市、社区治理，促进农民再社会化和社会融合。当然，社会机制也会因为资源匮乏、组织内在缺陷、目标扭曲、自主性丧失以及行为失范而在公共服务提供过程中出现志愿失灵。

最后，市场、社会建构以及弥补市场、社会失灵都有赖于政府行动逻辑。政府管理体制、组织结构和管理方式应适应"生产方式"的变革而变革，通过"政府职能配置"从发展型政府转型服务型政府是必然选择。其一，市场、社会建构的基础是核心是权利的界定与保护。政府必须厘清政府、市场与社会的边界，削减政府越位职能如政府的经济主体职能，新增政府缺位职能规范市场秩序，承担城镇基础设施等公共物品与教育、社会保障、医疗、救助等基本公共服务的供给，科学制定发展规划，治理环境污染等；在市场经济和社会体制不完善的情况下，政府应当培育市场主体和鼓励社会组织参与城镇化建设。其二，完善既有的应有职能如实现民主参与城镇规划，实施正确的产业政策、促进城镇产业结构优化。其三，政府、市场和社会之间的选择并不是单项选择问题，而是一种有程度、有限度的结构优化组合配置的问题。在监管充分、市场发育成熟的条件下，政府可以通过开放市场限制、建构公共服务社会责任机制如企业社会责任，鼓励、动员各种社会力量参与，形成多元社会主体参与公共服务生产和供给的治理格局，提升治理能力。

（二）地方政府能力与社会资本的非均衡互动结构

显然，上述协调逻辑策略是规范性的、理想型的。我们暂时将结合个案，实证分析城镇化进程中政府能力与社会资本的互动，回答地方政府是否有效将自主性转换为建制性能力。中国的问题城镇化主要是"半城市化"和"强制城镇化"。一方面，城市政府的普遍性策略是将农民工视为劳动力资源积极汲取，但不赋予其城市公民的各项公民权，半城市化道路呈现为"经济吸纳、社会排斥"模式。农民工普遍通过群体抱团聚居的方式谋求生存，类似 20 世纪 80 年代出现的北京"浙江村"等许多城中村的存在与发展，正是互惠网络社会资本发挥了超越最严格的户籍制度结构限制、突破社会排斥的作用，可见社会资本对促进市民化的巨大作用。然而，"各种形式的社会资本都依赖于稳定性，个人流动将使社会资本赖以存在的相应结构完全消失"。随着流动性、城市化、原子化进程的加快，城中村的加速改造，传统社会资本网络迅速瓦解，而能够促进社会融合的城市社会资本又未能充分建构起来。社会资本的产生与积累与社会组织紧密相连，个体化的农民工被封闭性的城市社会组织结构排斥，缺乏利益诉求表达的制度化、组织化渠道。调查数据显示，农民工组织化程度相当低，超过93%的农民工从未加入工会组织，党员占比仅6%左右，全国农民工非政府组织数量估计仅30~50个，组织数量、规模与支持能力都相当有限。整体看来，其他社会组织既培育发展不足，成立社会组织限制过多，而政府对现存的社会组织行政化渗透现象明显，难以有效发挥作为第三方治理工具的作用。另一方面，地方政府通过汲取土地资源强制推进城镇化。这里，我们结合个案考察，课题组于2015年两次赴W市调研。近年来，W市着力推进旧村改造和撤村并居工程。我们在调研中发现：第一，LW街道主任（原LW村村主任）与GX区政府官员向我们介绍了旧村改造的主要过程与具体细节，并指出整个改造过程在"规定时间"内保质保量地完成，比较顺利，没有出现严重问题。但随着访谈深入，他们向我们描述了近几年到北京拦截村民上访的经历，认为很多村民是刁民，不可理喻，就是为了多要钱。第二，在一些新社区的访谈中，很多新居民向我们反映了一些普遍情况：政府强制征地，补偿款过低，土地好坏一个标准，承诺给新居民的社会保障、社区物业费免缴N年（政府承诺代缴）等均未充分兑现，以致社区环境出现脏乱差、卫生文娱设施破损废置等情况；年轻人都到外面自己找工作，而年纪大的都没有工作；他们诉求无门，只有中央能管。

W市的强制性城镇化变迁确实有利于在短时期内集中农民以便高效供给公共服务，但也有不少问题：地方政府的公共服务提供是选择性的，主要是硬件方面，如供暖、污水处理、道路、社区样貌改善等，这是考核机制中的核心内容，但就业、医疗卫生、教育与社会保障等公共服务未纳入考核。W市考核措施规定：进入W市城镇建设考核前N名的镇，给予年度"科学发展综合考核"一等奖，奖励X万元；对不能按要求完成社区改造、土地整治、集中供暖、污水处理设施建设的，考核"一票否决"并调整责任人。

面对困境，农民没有组织化的反映渠道，原属于自治组织的社区居委会与原先的村委会是行政化的，对政府有极大的依附性。地方政府的渗透能力侵蚀了社区自治功能，反而使得自治组织丧失嵌入能力，或者说是被嵌入而无自主。我们发现，LW街道主任与GX区政府官员关系密切，也参与了拦截上访方面的相关工作，这与村治行政化以及压力型体制延伸至社区基层有关，本应是"当家人"身份的主任倾向于转换为向基层政府负责的"代理人"，其工作重心转移至辅助政府征地、拆迁和维稳等事务中。

而地方政府并不重视制度化的协商能力建设。在我们与W市政府官员访谈中，对于问到"何种情况下政府会召开听证会等协商会议"？得到的答复是"一般是主要领导认为有必要开一下的时候"。然而，城镇化的推进关系到利益格局的调整，特别是政府在短时期内强势推进城镇化过程中，促使大规模利益交换中的矛盾凸显，各主体卷入利益冲突中，协商能力的薄弱使得原有社会资本被迅速破坏，新居民、地方政府、居委会、开发商之间的信任度降低。在这样的格局下，又没有其他社会组织予以协调或对社会资本进行修复，社区公共物业、公共卫生等公共事务无法有效维护，社区自治能力进一步下降。

总之，不管是半城市化还是强制城镇化，普遍看来，制度结构决定了地方政府自主性具有强大的扩张性，但极大地限制了农民群体、社会组织的行动空间。政府能力具有普遍特征，汲取能力强大突出，强制能力常常兜底解决冲突，渗透能力僭越侵扰基层自治，社区治理与村庄治理"行政化"，改变了居委会与村委会的自治性质。然而，最关键的协商能力是"结构性短板"。作为结构型社会资本的社会组织，有利于代替分散的公民个体表达利益诉求，在公民与政府之间实施有效沟通协商等具有不可替代的作用。但农村社会组织数量、规模偏小，覆盖不足，每万人不足10个，仅12.67%的村庄还有传统组织，农村社会组织存在主体"空转"、构架"官化"、活力不足等问题，因"政府要求"和"村两委决定"而成立监督组织的村庄达91.6%。农民社会资本的匮乏决定了其与政府能力的互动只是一种"弱嵌入"。

重强制、重汲取、重渗透与轻协商，可能对匮乏的社会资本造成进一步破坏导致其难以嵌入政府能力结构体系的格局，决定了地方政府无法将自主性有效转化为建制性能力，总体呈现一种"行政僭越政治"的政府能力结构。这种结构容易陷入零和博弈的不良循环，政府依赖于行政命令，居民依赖于上访，以至于城镇化政策过程中公民民主参与的网络治理行动无法达成。对社会资本的行政渗透，甚至无意识地破坏使得公民自主进行公共治理的行动也无法实现，最终阻滞城镇化的协调推进。因此，政府能力亟须进行"结构性调适"，摒弃强制能力，收缩汲取能力、调整渗透能力、强化协商能力。从制度结构来看，当务之急是在土地征用、变更用途中引入市场机制，同时构建一个包含土地制度、户籍制度改革和农民自主自愿基础上的农民、地方政府与企业之间的制度化协商机制。

（三）"配置国家"：优化制度结构与中央协调行动

然而，仅从地方层面关注城镇化的推进显然是不全面的，城镇化进程中的治理危机，归根结底是一种制度危机。"政治集权"与"行政分权"相耦合的制度结构型塑了地方政府治理模式与城镇化发展模式。"集权不到位"与"分权不到位"并存，前者使得国家制度执行能力下降，导致中央政府的渗透性能力危机，后者使得地方治理常常受到中央专断性权力的干预，地方性公共事物难以实现自主治理。

协调推进城镇化，一方面，需要调适集权，以"在地化委托—代理"为导向推进纵向与横向结构性分权。主要包括以下策略：变革人事制度，在政治考核机制中，"公民满意度"应作为地方政府政绩考核指标结构的重要维度。除经济发展指标外，强调以人为本的城镇化为核心，考核的重点从城市面积等方面转向新落户与公共服务覆盖人数，强化对地方推进城镇化进程中民生福祉，经济、社会、文化协调发展，环境保护、资源节约等内容的评价。地方发展型政府难以转型服务型政府的制度基础是问责有限的行政分权结构，其出路是推进横向监督问责机制建设，强化地方人大、司法等机构的问责权限。推进事权、财权立法，合理配置各级政府事权，依据各级政府公共服务职责与财力相匹配的原则推进财税制度改革，适当放宽地方政府税收权限。完善公共财政制度，改变财政支出中重基础设施建设、轻人力资本投资和公共服务的结构性倾向，更多地为新市民而支出。广义上看，加快确权于农民为导向的农村产权制度改革也是结构性分权的核心内容。

另一方面，协调推进城镇化必须有国家全局意识，分权化改革必须与促进统一性和均等化的制度改革同步进行。因此，需要调适分权，以"统一性"和"均等化"为原则推进中央集权，包括国家权威、法制统一、市场统一、宏观调控等。其中，新型城镇化的核心问题在于基本公共服务均等化。基本公共服务应具有统一性、公平性、平等性，使每个农民工有权利和机会不分城乡、不分地区，大致相等地获得法定基本公共服务，这是建构农民平等公民身份的核心环节。

农民市民化、协调推进城镇化是一个农民争取平等公民身份与国家调适制度结构进行赋权互动的过程。从国家层面来看，历年《全国农民工监测调查报告》显示出农民工特别是新生代跨省流动与大中城市偏好趋势，因此，发展中小城镇、就地城镇化与这种人口流动规律形成张力。可以肯定，大多数农民工就业和社会保障等问题需要在大中城市解决，但大中城市政府并没有为农民工提供均等化公共服务的相应的制度环境激励。比如，城市政府在提供公共服务的同时担忧外地农民工随时可能向外流动。发达城市在吸引农民工流入的同时，倾向于保留歧视性、排斥性的规定。

在中国，公民身份是根据户籍配置的，本质上是一种"地方公民身份"（localcitizenship），它是指在地方框架而不是国家框架内进行权利配置与排斥（entitlement andexclusion）。地方政府一直承担着实施社会政策、提供社会福利与服务的主要责任。伴随着快速城市化和大规模人口流动，"地方公民身份"的正当性开始遭遇质疑和挑战。一方面，对农民工而言，地方公民身份的根本特征是排斥。当前的制度结构中，户籍制度、属地管理和统账结合的社会保障制度中极不便利的转移支付构成农民工社会保障程度极低的最主要原因，跨省流动农民工成为断缴社保最大群体。《2014年全国农民工监测调查报告》显示，农民工"五险一金"的参保率分别仅为：工伤保险26.2%、医疗保险17.6%、养老保险16.7%、失业保险10.5%、生育保险7.8%、住房公积金5.5%。另一方面，对中央而言，国家制度执行能力被地方分割，农民工社会保障制度存在严重的区域分割和部门分割问题，构成一种"碎片化赋权"。比如，基本养老保险，目前90%的省份未达到实质意义的省级统筹。无疑，推进新型城镇化的国家自主性的一项重大挑战来自地方政府，碎片化的地方公民身份阻碍全国统一市场的形成和公共服务均等化的实现。

社保制度覆盖面狭窄、碎片化和可及性缺失的主要原因在于中央社保政策反应迟钝，即"国家"缺位。从国家制度结构看，我国基本公共服务体制的纵向结构不均衡，特别是中央政府职责配置缺位，未起到基本公共服务均等化战略中独一无二的协调作用。从当前看，协调或优于统一，国家应当配置国家层面、跨部门的农民工社会保障异地转接管理机构，负责协调并完善各地农民工社会保障异地衔接政策的设计、监督执行，协调不妨碍条件成熟时实现统一。但是，国家必须明确自身在涉及公民身份权利问题上的职能与责任，有必要将中央政府配置为政策行动主体，统筹负责全国农民工的社会保障等基本公共服务，承担农民工市民化的支出责任。在纵向科层制之外，建立以公共事务为依据划分中央、地方职能的"矩阵式"是一种新思路。唯有如此，在"地方治理"背景下、"地方公民身份"进一步差异化的趋势下，方能建构起公平均等、包容可及的"国家公民身份"，基本公共服务均等化才能真正实现。

## 五、结语：以"配置国家"为中心议程

协调推进城镇化已作为一项国家利益主张，一系列制度安排以及公共政策的集合是推进这一国家利益实现的国家自主性及其国家能力的构建与体现。呼吁市场建构、社会建构或治理建构的同时，我们认为国家建构的政治逻辑反而是决定性的中心议程，因为城镇化战略的内容具有复杂性，核心内容包括要素资源高效配置与农民工市民化。而当城镇化问题必须与农民工市民化问题互为一体，并以后者为核心的时候，问题中的政治逻辑必然超越了市场和社会逻辑。在中国语境中，政治逻辑也决定了市场逻辑和社会逻辑。地方政府作为战略的主要执行者，促进地方政府治理模式转型势在必行，但答案却在地方政府之外，在市场、在社会、更在"国家"。

在推进城镇化的分析中需要注意"找回国家"。一方面，将国家视为行动主体。在政府分权、地方治理趋势下，以应对"去国家化""国家不当撤退"的可能性，但这并不意味着国家全面扩张进而导致"国家不当进入"，而是需要明确国家在城镇化推进中的责任，以现代国家构建为导向"配置国家"。另一方面，将国家视为制度结构。地方政府治理模式是由制度的路径依赖、复杂的制度结构的约束与激励中生成，制度或许没有好坏之分，只是在制度组合间产生新的激励结构，结合某种情景产生意外后果（如土地城镇化）。因此，中国要实现城镇化的协调推进，必然是一场深刻的制度变迁过程。国家需要在现代国家构建的视野下"优化配置制度结构"，以导出更加具有综合协调性的城镇化治理模式。